어린이 코딩

엔트리로 배우는 AI 첫걸음

발 행 일	2023년 09월 15일(1판 1쇄)
개 정 일	2024년 01월 15일(1판 2쇄)
I S B N	979-11-982722-3-2(13000)
정 가	14,000원
집 필	이은주
감 수	서울대학교 컴퓨터공학부 이상구 교수
진 행	김진원
본문디자인	디자인앨리스
발 행 처	코딩이지(Codingeasy)
	'코딩이지'는 '아카데미소프트'의 코딩전문 출판사입니다.
발 행 인	유성천
주 소	경기도 파주시 정문로 588번길 24
홈 페 이 지	www.aso.co.kr / www.asotup.co.kr

※ 이 책은 저작권법에 따라 보호를 받는 저작물이므로 무단 전재와 무단 복제를 금지하며, 이 책 내용의 전부 또는 일부를 이용하려면 반드시 코딩이지의 서면동의를 받아야 합니다.

OT Orientation (기초학습)

▶ This is Coding 학교편 시리즈의 [엔트리로 배우는 AI 첫걸음] 교재의 구성입니다.

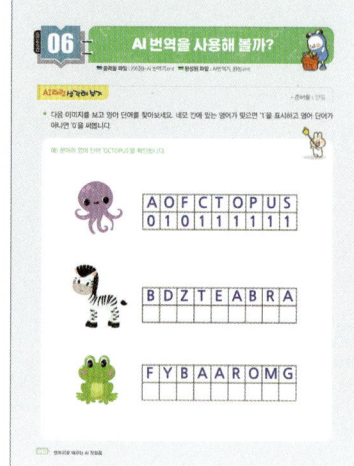

AI처럼 생각해보기

각 CHAPTER 시작 전 코딩의 뇌를 깨우는 준비과정으로 손코딩을 통해 컴퓨팅 사고력과 문제해결능력을 학습합니다.

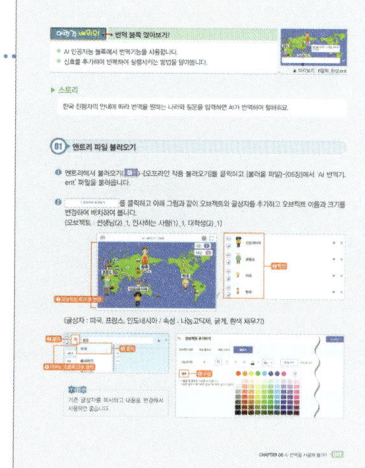

완성작품 미리보기 & 본문 따라하기

각 CHAPTER에서 배울 내용에 대한 기능 설명과 함께 완성된 엔트리 동영상을 미리 확인하고 예제를 통해 쉽게 따라하며 배울 수 있습니다.

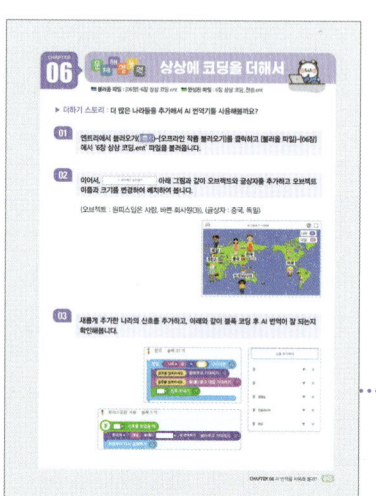

문제해결능력 & 상상에 코딩을 더해서

각 CHAPTER가 끝나면 앞에서 배운 내용으로 스스로 문제를 해결하고 컴퓨팅 사고력 키우기 등을 통해 코딩교육 의무화에 대비하였습니다.

엔트리로 배우는 **AI 첫걸음**

엔트리 회원 가입하기

❶ 인터넷을 실행하여 주소 입력 칸에 'playentry.org'를 입력한 후 Enter 키를 누릅니다. 엔트리 홈페이지가 열리면 오른쪽 상단 [로그인]을 클릭합니다.

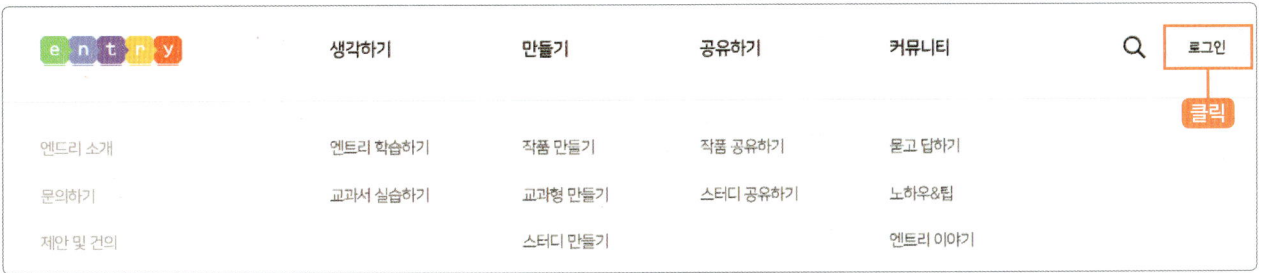

❷ 엔트리 로그인 페이지에서 [회원가입하기]를 클릭합니다.

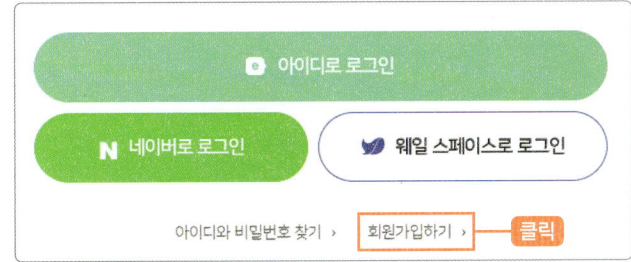

❸ 엔트리 이용약관과 개인정보 수집에 체크를 하고 [아이디 회원가입] 를 클릭합니다.
  ※ 네이버 아이디 또는 웨일 스페이스 아이디가 있으면 해당 아이디로 회원가입을 할 수 있습니다.

❹ 아이디, 비밀번호, 비밀번호 확인에 아이디와 비밀번호를 정하고 <다음> 단추를 클릭합니다.

▶ 아이디 비밀번호는 잊지 않게 잘 적어주세요.

아이디	
비밀번호	

❺ 회원 유형, 성별을 선택하고 닉네임을 입력 후 출생연도를 선택합니다. 그리고 이메일을 입력한 다음 <확인> 단추를 클릭합니다.

※ 이메일은 필수로 입력하는 것은 아닙니다. 그러나 비밀번호를 잊어버린 경우 이메일을 입력하지 않으면 찾을 수 없습니다.

※ 14세 미만이면 부모님 인증절차가 있습니다.

❻ 엔트리 가입이 완료되면 <메인으로> 단추를 클릭합니다.

❼ 엔트리 홈페이지에서 [만들기]를 클릭하면 블록 코드를 이용하여 작품을 만들 수 있는 엔트리가 실행됩니다.

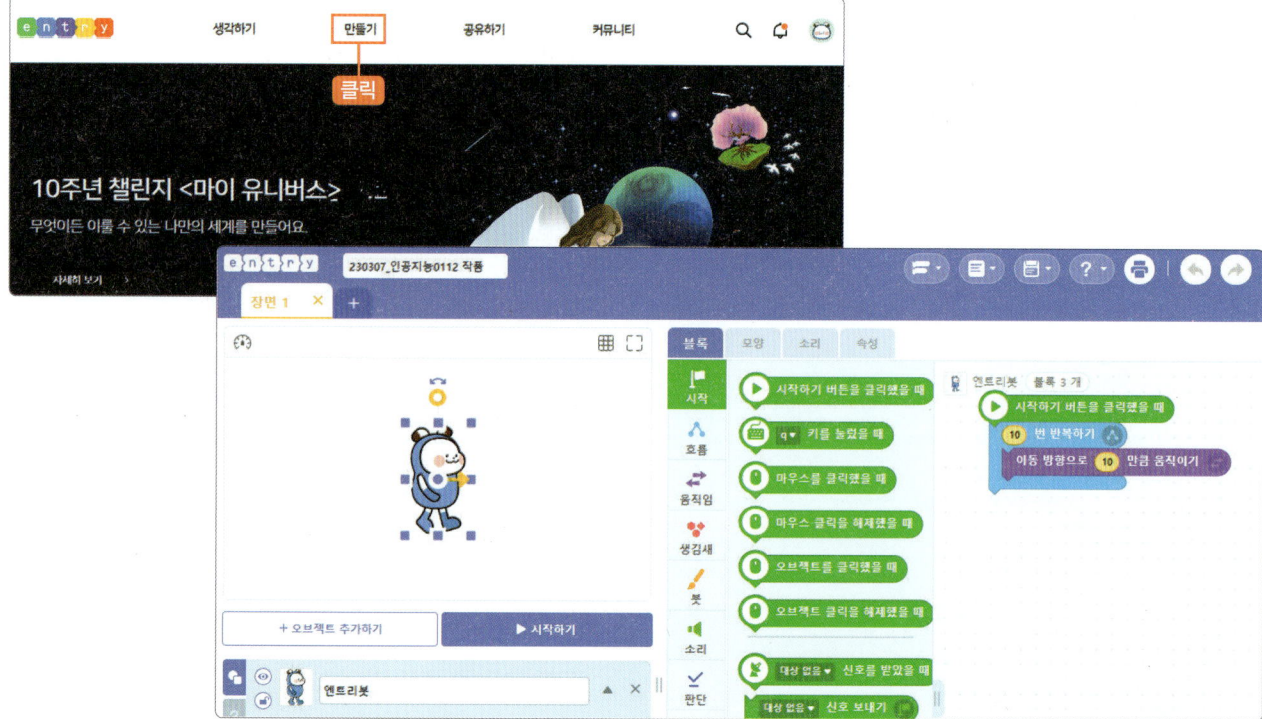

엔트리(온라인) 실행하기

❶ 인터넷을 실행하여 주소 입력 칸에 'playentry.org'를 입력한 후 Enter 키를 누릅니다. 엔트리 홈페이지가 열리면 오른쪽 상단 [로그인]을 클릭합니다.

❷ 아이디와 비밀번호를 입력하고 [아이디로 로그인]를 클릭합니다.

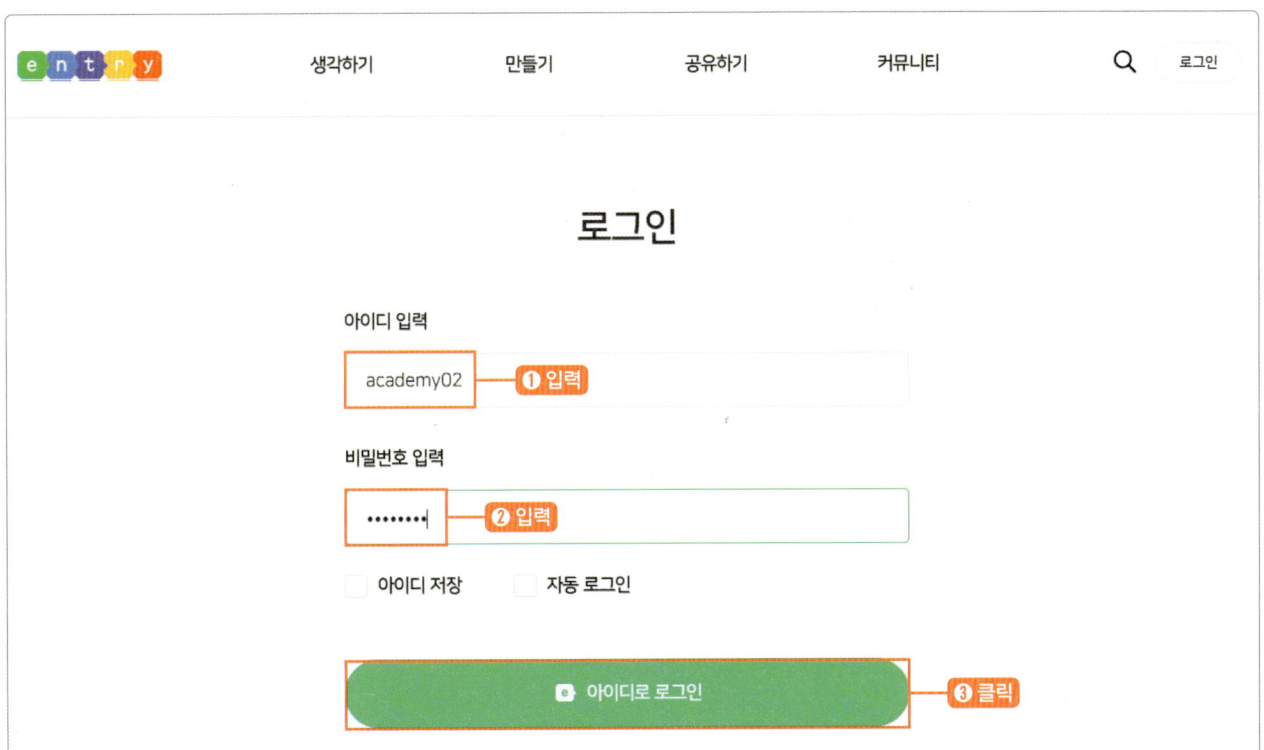

❸ 엔트리 홈페이지에서 [만들기]를 클릭하면 엔트리가 실행됩니다.

※ 엔트리 홈페이지에서 온라인 방식으로 실행하는 이유는 인공지능 블록을 모두 사용하기 위해서입니다.
- 오프라인 엔트리 : 번역, 비디오 감지, 오디오 감지, 읽어주기
- 온라인 엔트리 : 번역, 비디오 감지, 오디오 감지, 읽어주기, [인공지능 모델 학습하기] 기능이 추가

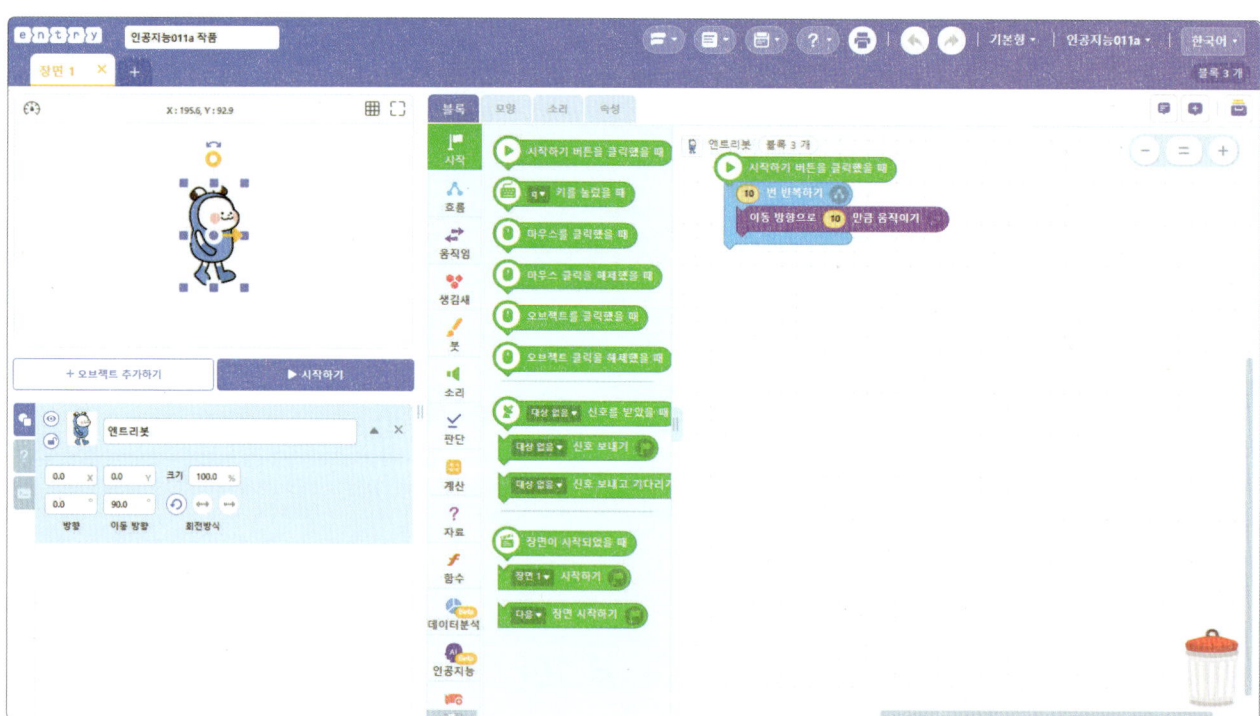

▶ 엔트리 파일 불러오기

- [작품 불러오기] : 온라인 엔트리에서 저장된 파일을 불러옵니다.
- [오프라인 작품 불러오기] : 컴퓨터에 저장된 파일을 불러옵니다.

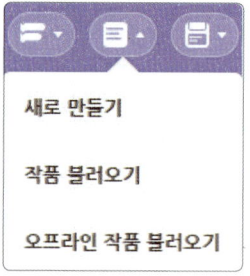

엔트리 파일 저장하기

- **[저장하기]** : 엔트리 파일을 저장(온라인)합니다. 저장된 파일은 [마이 페이지]에 보관합니다.
- **[복사본으로 저장하기]** : 불러온 엔트리 파일을 다른 이름으로 저장(온라인)합니다.
- **[내 컴퓨터에 저장하기]** : 엔트리 파일을 컴퓨터에 저장합니다. 파일은 [다운로드] 폴더에 저장됩니다.

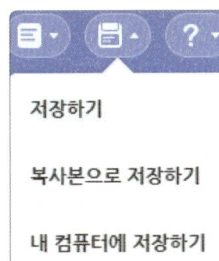

마이 페이지 열어보기

① 엔트리 홈페이지에서 오른쪽 상단 아이콘을 클릭하고 [마이 페이지]를 선택합니다.

② 마이 페이지에 저장된 엔트리 파일을 클릭하면 실행화면이 나오고 왼쪽 하단 [코드 보기]를 클릭하면 블록 코드를 편집할 수 있습니다.

목차 CONTENTS

CHAPTER 01 — 신호등 알아보기 — 010

CHAPTER 02 — 배달 AI, 뭘 시켜먹을까?(1) — 018

CHAPTER 03 — 배달 AI, 뭘 시켜먹을까?(2) — 026

CHAPTER 04 — 지금이 낮이야 밤이야? — 032

CHAPTER 05 — 책을 찾아줘 AI — 038

CHAPTER 06 — AI 번역을 사용해 볼까? — 044

CHAPTER 07 — 도와줘 번역 로봇! — 050

CHAPTER 08 — 내가 말하는 대로 움직여 — 056

CHAPTER 09 — 메두사와 눈을 마주치면 안돼 — 064

CHAPTER 10 — 어느 방향으로 갈까 — 070

CHAPTER 11 — 오늘의 날씨가 어떤지 말로 표현해봐 — 076

CHAPTER 12 — 자동차키를 찾아줘. 신나는 드라이브를 떠나자 — 082

CHAPTER 01 신호등 알아보기

■ 불러올 파일 : [01장]-유치원 신호등공부.ent   ■ 완성된 파일 : 유치원 신호등공부_완성.ent

AI처럼 생각해 보기

– 준비물 : 연필

● 다음 신호등이 빨간불에서 초록불로 변하는 과정에 따라서 가장 빠른 순서의 번호를 답안입력에 적어 봅니다.

❶ 잠시 기다린다.

❷ 음성안내 "빨간불입니다. 잠시만 기다리세요."

❸ 신호등이 빨간색으로 켜짐

❹ 길을 걷는다.

❺ 신호등이 초록색으로 켜짐

❻ 음성안내 "초록불입니다. 길을 건너세요."

답안 입력						

이런것 배워요! ▸ 오브젝트 크기 반복과 읽어주기 블록 알아보기!

- 오브젝트의 크기를 반복해서 강조하는 방법을 알아봅니다.
- AI 인공지능 블록에서 읽어주기를 사용합니다.

▲ 미리보기 : 1일차_완성.ent

▶ **스토리**

유치원 친구들이 신호등 앞에 나란히 서 있어요. 예쁜 선생님께 신호등 신호에 대해 배우고 있습니다. 어떤 색 신호에서 건너가야 할까요?

01 엔트리 파일 불러오기

❶ 엔트리에서 불러오기( )-[오프라인 작품 불러오기]를 클릭합니다.

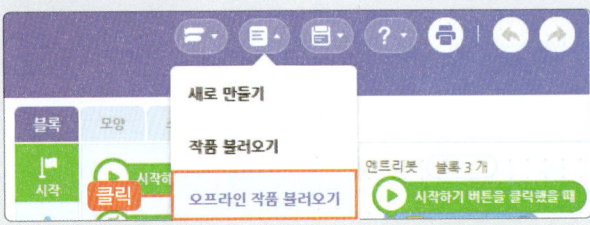

❷ [불러올 파일]-[01장]에서 '유치원 신호등공부.ent' 파일을 불러온 다음 + 오브젝트 추가하기 아래 그림과 같이 오브젝트를 추가하여 위치와 크기를 변경하여 배치하여 봅니다.
(오브젝트 크기 : 유치원생(3)(50), 유치원생(6)(50), 선생님(3)(80))
오브젝트 : 물건-신호등(1), 사람-선생님(3), 유치원생(3), 유치원생(6)

CHAPTER 01 신호등 알아보기 **011**

02 신호등 완성하기

❶ '신호등(1)' 오브젝트의 빨간색 위에 '물건-신호' 오브젝트 추가하고 크기를 변경하여 겹치게 배치하여 봅니다.

❷ '신호' 오브젝트 위에서 마우스 오른쪽 단추를 눌러 [복제하기]를 선택합니다.

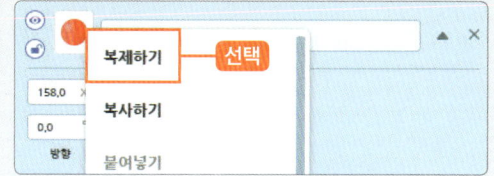

❸ '신호1' 오브젝트가 추가되었는지 확인 후 초록색으로 바꾸기 위해서 [모양] 탭을 클릭하고 '신호_빨간', '신호_노란'을 삭제합니다.

❹ '신호' 오브젝트의 이름을 '빨간신호'로 변경하고, '신호1' 오브젝트의 이름을 '초록신호'로 각각 변경합니다.

❺ 다음 그림과 같이 '초록신호' 오브젝트를 '신호등(1)' 오브젝트에 겹치게 배치하여 봅니다.

> **TIP**
> 마우스로 오브젝트를 이동하기 힘들 때는 오브젝트 크기를 크게 하고 이동 후 작게 변경하면 됩니다.

03 신호등 신호 만들고 블록 코드 만들기

❶ [속성] 탭-[신호]를 클릭하고 <신호 추가하기> 단추를 클릭해서 다음과 같이 신호를 만들어 줍니다.
(신호 이름 : 초록신호멈추기, 초록신호, 빨간신호멈추기, 빨간신호)

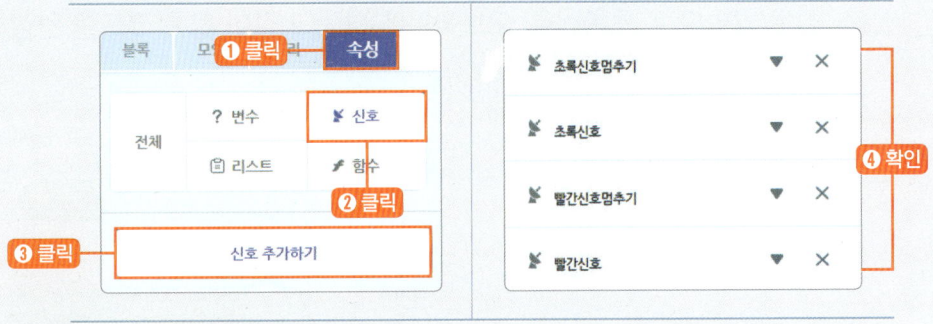

❷ '빨간신호' 오브젝트를 클릭하고 [블록] 탭을 클릭 후 블록 조립소에 다음과 같이 블록 코드를 완성하여 봅니다.

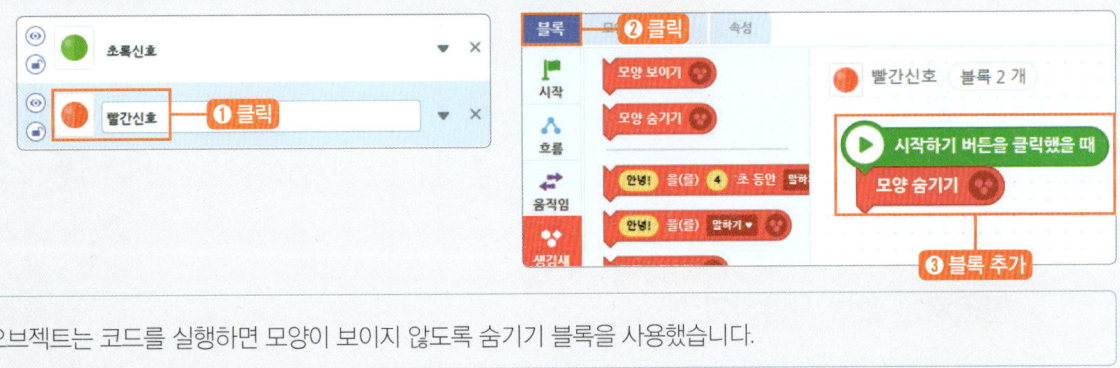

> **TIP**
> '빨간신호' 오브젝트는 코드를 실행하면 모양이 보이지 않도록 숨기기 블록을 사용했습니다.

❸ [신호 받았을 때] 블록 코드를 추가하고 '빨간신호'로 변경합니다.

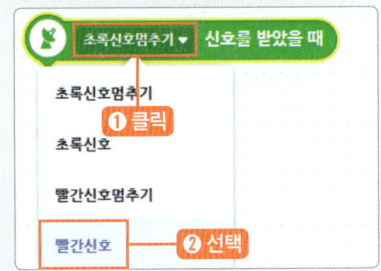

❹ '빨간신호'를 받으면 '빨간신호' 오브젝트를 강조하기 위해서 크기가 커졌다 작아졌다를 반복하는 코드를 완성하여 봅니다.

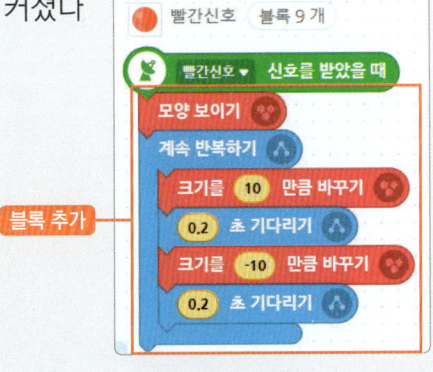

❺ '빨간신호멈추기' 신호를 받으면 오브젝트가 보이지 않도록 다음과 같이 블록 코드를 완성하여 봅니다.

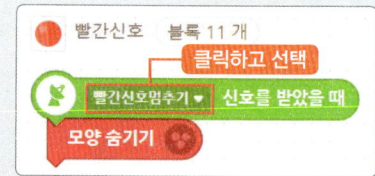

❻ 같은 방법으로 '초록신호' 오브젝트에 다음과 같이 블록 코드를 완성하여 봅니다.

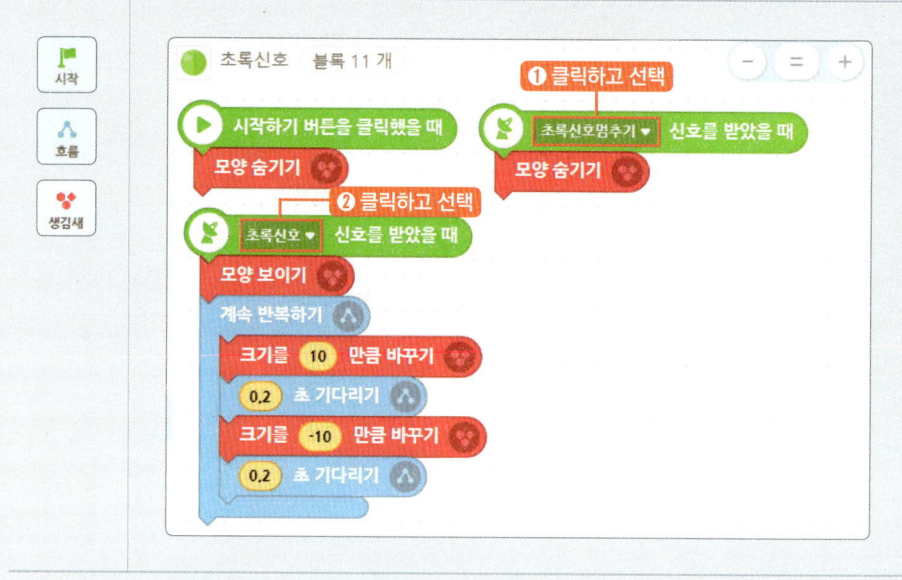

04 인공지능 블록 사용하기

❶ 블록 꾸러미를 선택하고 [인공지능 블록 불러오기]-[읽어주기]를 클릭한 후 <불러오기> 단추를 클릭합니다.

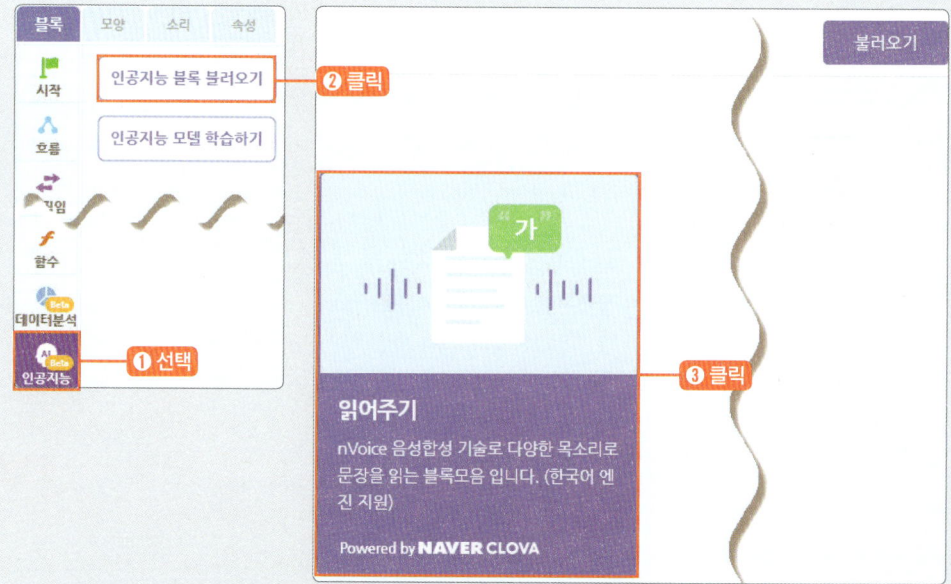

❷ '선생님(3)' 오브젝트를 클릭하고 '빨간신호'로 신호를 보낸 후 블록 꾸러미에서 [읽어주기] 블록을 사용합니다.
(읽어주기 내용 : 유치원 친구들 신호등이 빨간 불일 때는 기다려야 해요.)

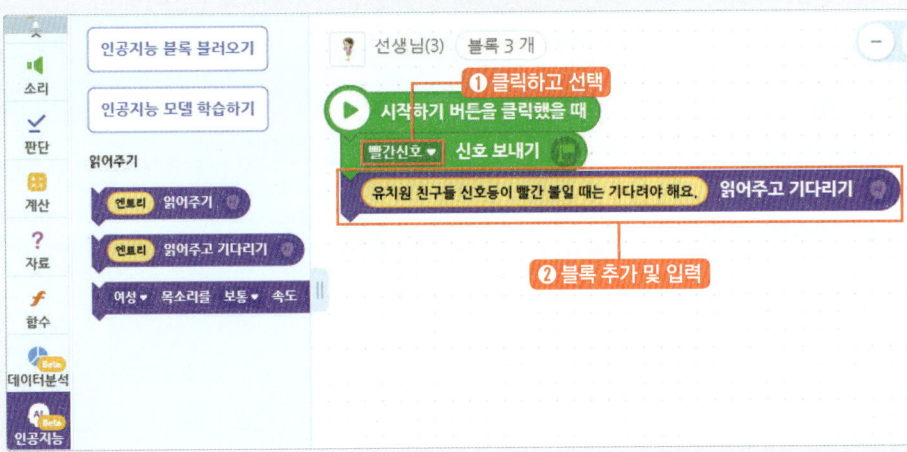

❸ 2초 후 '빨간신호멈추기'로 신호를 보내고 '초록신호'로 신호를 보내준 다음 [읽어주기] 블록을 사용합니다. 마무리로 2초 후 '초록신호멈추기'로 신호를 보내줍니다.
(읽어주기 내용 : 유치원 친구들 신호등이 초록 불일 때는 길을 건너가면 돼요.)

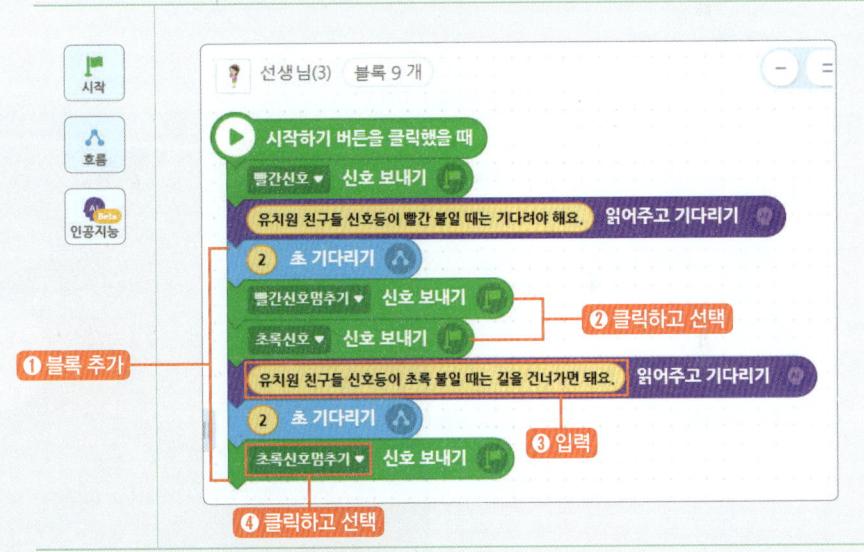

TIP

엔트리 읽어주기 : 읽어줌과 동시에 다음 명령을 실행합니다. 그러면 아래 있는 읽어주기와 겹쳐져서 소리가 들리게 됩니다. 그래서 [읽어주고 기다리기] 명령 블록을 사용해야 합니다.

❹ ▶시작하기 단추를 클릭하여 신호등이 표시되면서 음성이 나오는지 확인합니다.

❺ 완성된 파일을 저장하기( )-[저장하기]를 클릭합니다.

05 저장된 파일 알아보기

① 엔트리 화면에서 오른쪽 상단 내 닉네임을 선택하고 [마이페이지]를 클릭합니다.

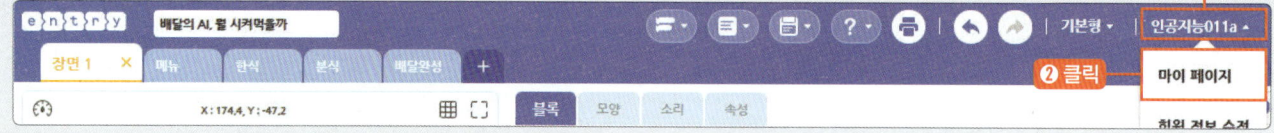

② 마이페이지에서 저장된 엔트리를 클릭하고 [코드보기]를 클릭합니다.

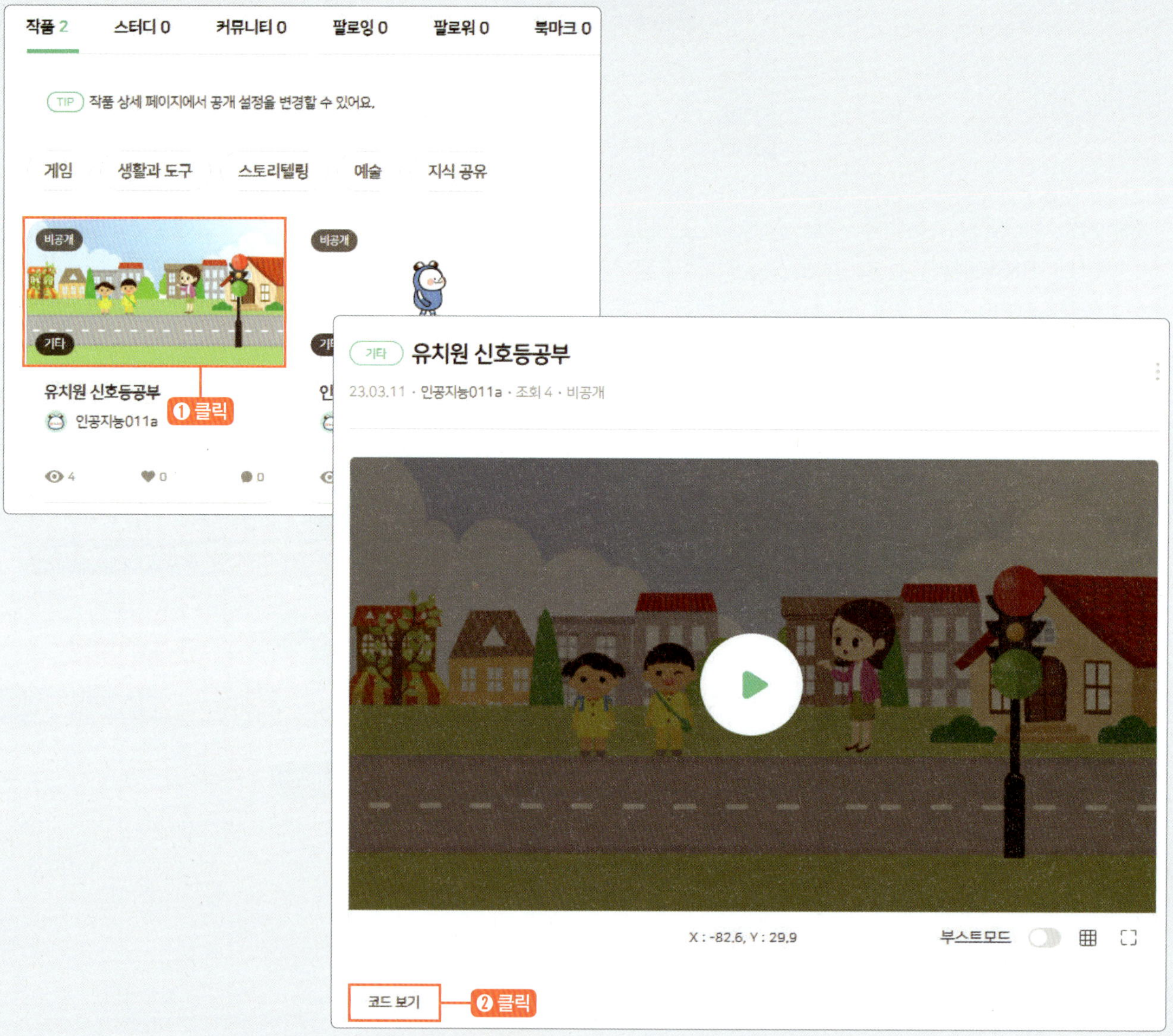

③ 엔트리 파일을 편집할 수 있는 화면이 나타납니다.

> **TIP**
> **엔트리파일 컴퓨터에 저장**
> 저장하기( )-[내 컴퓨터에 저장하기]를 클릭합니다. 저장된 파일은 [파일 탐색기]-[다운로드]폴더에 있습니다.

CHAPTER 01 상상에 코딩을 더해서

■ 불러올 파일 : [01장]-1장 상상 코딩.ent   ■ 완성된 파일 : 1장 상상 코딩_완성.ent

01 심장이 두근두근 하듯이 커졌다 작아졌다를 만들어 보세요. 그리고 그때마다 "두근" 이라고 말하게 만들어보세요.

[문제 해결을 위한 블록]

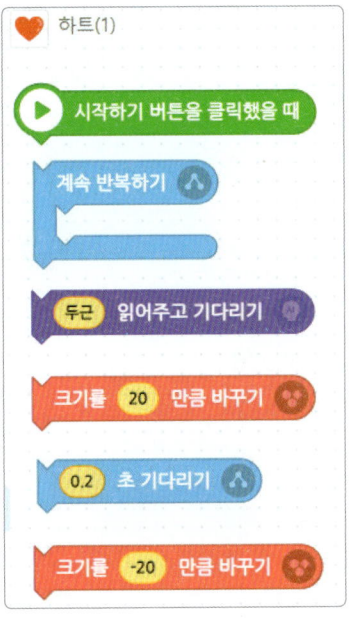

CHAPTER 02 배달 AI, 뭘 시켜먹을까?(1)

■ 불러올 파일 : [02장]-배달 AI, 뭘 시켜먹을까1.ent   ■ 완성된 파일 : 배달 AI, 뭘 시켜먹을까1_완성.ent

AI처럼 생각해 보기

– 준비물 : 연필

- 다음 음식 이미지를 보고 한식 또는 분식인지 연결해 봅니다.

AI 정보

AI는 인간처럼 판단하고 학습할 수 있습니다. 이미지도 학습하여 분류합니다. AI도 위 이미지를 학습하면 한식 또는 분식인지 판단을 할 수 있습니다.

이런걸 배워요! 오브젝트 크기 반복과 읽어주기 블록 알아보기!

- AI 인공지능 블록에서 읽어주기를 사용합니다.
- AI 인공지능 블록의 읽어주기에서 목소리를 변경하는 방법을 알아봅니다.
- 신호를 보내고 장면 전환에 대해서 알아봅니다.

▲ 미리보기 : 2일차_완성.ent

▶ **스토리**

기차여행을 하고 있는데 배가 고파요. AI 배달을 통해 음식을 시켜 먹기로 해요.

01 장면 만들기

❶ 엔트리에서 불러오기( )-[오프라인 작품 불러오기]를 클릭하고 [불러올 파일]-[02장]에서 '배달 AI, 뭘 시켜먹을까1.ent' 파일을 불러옵니다.

❷ [장면 1] 탭의 오른쪽 ➕ 를 눌러 [장면 2]를 추가하고 이름을 클릭하여 "메뉴"로 변경합니다. 같은 방법으로 "한식", "분식"으로 장면을 만들어 봅니다.

❸ [장면 1] 탭에서 마우스 오른쪽 단추를 눌러 [복제하기]를 선택하고 복제된 장면의 이름을 "배달완성"으로 변경합니다.

❹ [메뉴] 탭을 선택하고 ＋ 오브젝트 추가하기 를 클릭 후 '배경-책 배경'을 선택하고 <추가하기> 단추 클릭합니다.

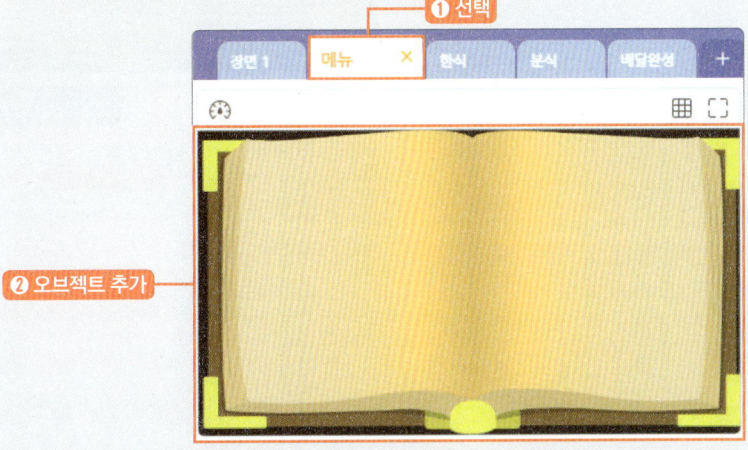

❺ 글자를 추가하기 위해서 ┌+ 오브젝트 추가하기┐를 클릭 후 [글상자]를 선택하고 내용을 입력한 다음 <추가하기> 단추를 클릭합니다.
   (글상자 내용 : 한식 분식, 글꼴 : 산돌 용비어천가, 채우기 색상 : 투명)

❻ 글상자 오브젝트의 이름은 '메뉴'로 변경합니다.

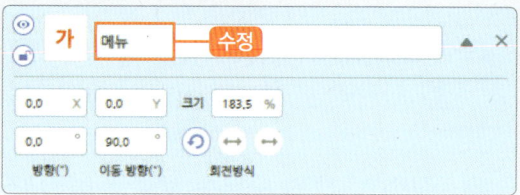

❼ 같은 방법으로 [한식], [분식] 탭에 다음과 같이 배경(투명), 글상자 '배경-책배경' 오브젝트를 추가하고 글상자 오브젝트의 이름을 변경합니다. 한식과 분식의 글상자는 [여러 줄 쓰기]를 이용합니다.
   - 글상자 오브젝트는 마우스로 크기와 위치가 잘 보이도록 조절합니다.

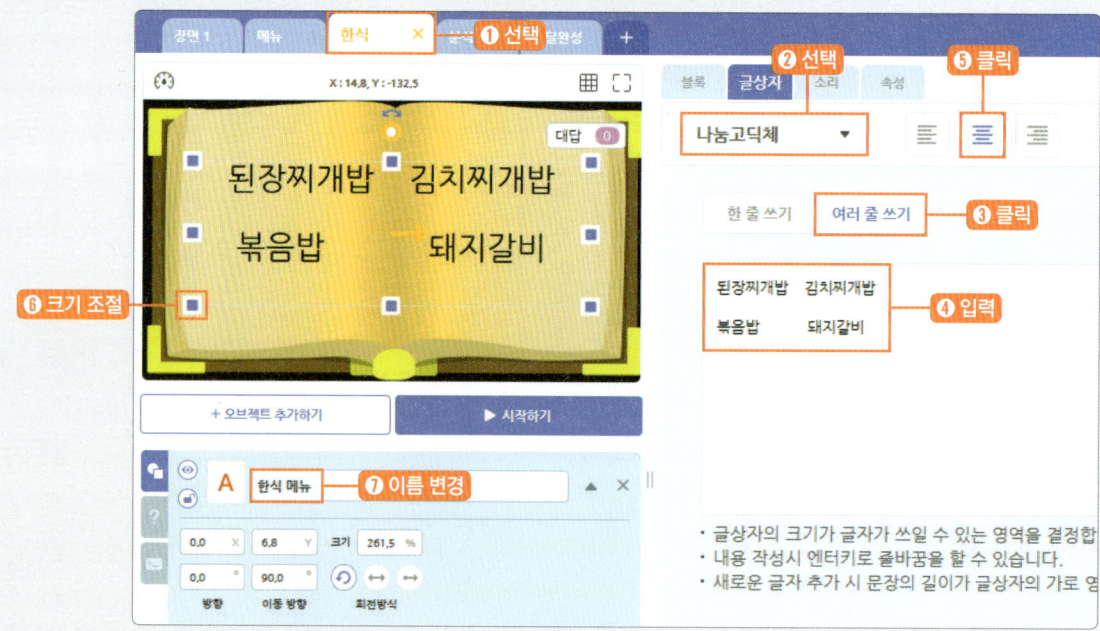

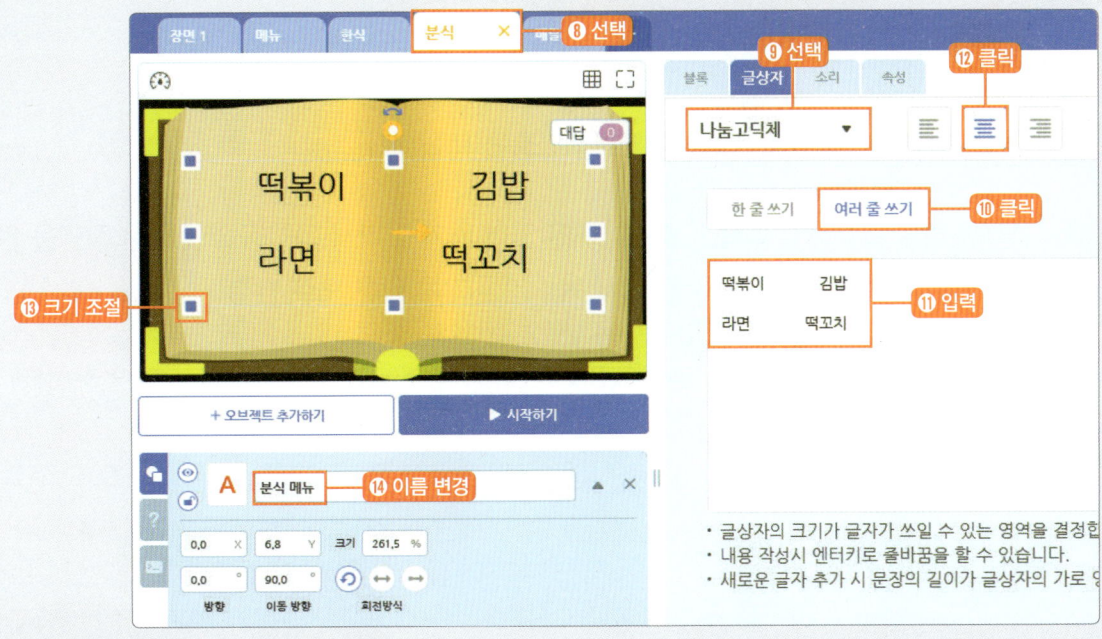

> **TIP**
> 여러 줄 쓰기에서 전체 글자가 보이지 않을 때는 글상자 오브젝트 크기를 조절해서 글자가 보이게 합니다.

02 신호 만들기

❶ 음식 메뉴를 고르면 주문 신호를 보내기 위해서 [속성] 탭-[신호]를 클릭하고 <신호 추가하기> 단추를 클릭해서 다음과 같이 신호를 만들어 줍니다.
(신호 이름 : 된장찌개밥, 김치찌개밥, 볶음밥, 돼지갈비)

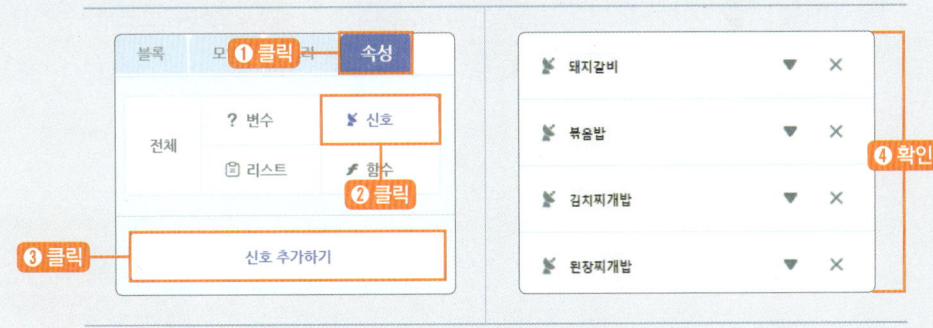

❷ 같은 방법으로 신호를 추가합니다.(신호 이름 : 떡볶이, 김밥, 라면, 떡꼬치)

03 블록 코드 입력하기

❶ [장면 1] 탭을 선택하고 '배달인' 오브젝트를 선택합니다.

❷ [블록] 탭을 클릭하고 블록 조립소에 배달인이 배가 고파서 음식을 주문하는 장면을 완성하여 봅니다.
  - 인공지능 블록에서 [읽어주기]에서 목소리를 '앙증맞은'으로 변경
  - 읽어주고 기다리기 블록 코드 사용
  - 1초 후 다음 장면인 [메뉴]로 시작하기(메뉴를 보여주기 위해서 [메뉴] 탭으로 이동)

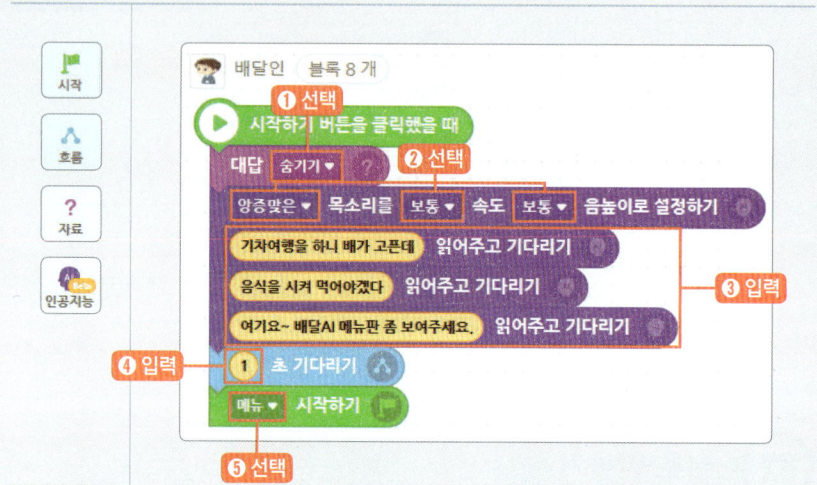

> **TIP**
> [대답] 블록 코드는 키보드로 문자를 입력하면 화면에 문자가 보이기 때문에 숨기기 블록 코드를 넣어서 화면에 문자가 나타나지 않게 만들었습니다.

❸ [메뉴] 탭-'메뉴' 오브젝트를 선택하고 다음과 같이 블록 코드를 완성하여 봅니다.
  - 메뉴에서 원하는 음식 종류를 입력하고 조건에 맞는 장면으로 이동합니다.

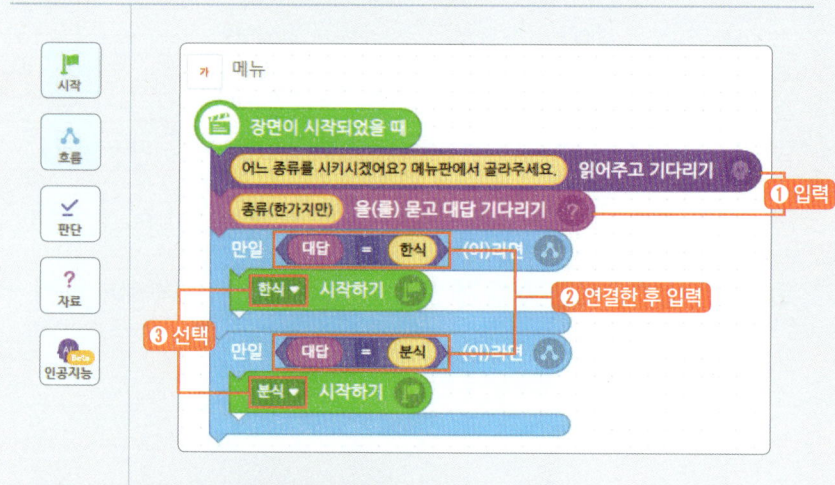

❹ [메뉴] 탭-'메뉴' 오브젝트에 있는 블록 코드의 가장 윗 부분에서 마우스 오른쪽 단추 [코드 복사]를 클릭한 후 [한식] 탭-'한식 메뉴' 오브젝트를 선택하고 블록 조립소에서 마우스 오른쪽 단추 [붙여넣기]를 클릭합니다.

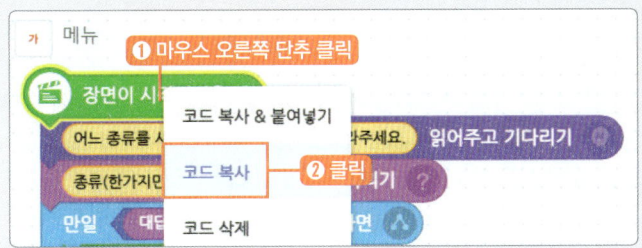 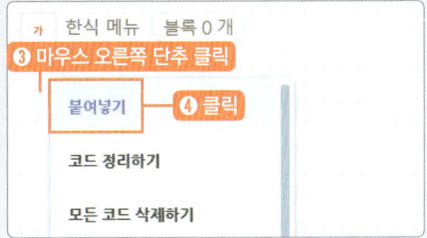

❺ 다음과 같이 필요 없는 블록 코드를 마우스로 드래그 하여 삭제하고 블록 코드를 추가합니다.
([배달완성] 장면으로 이동하는 블록 코드 추가)

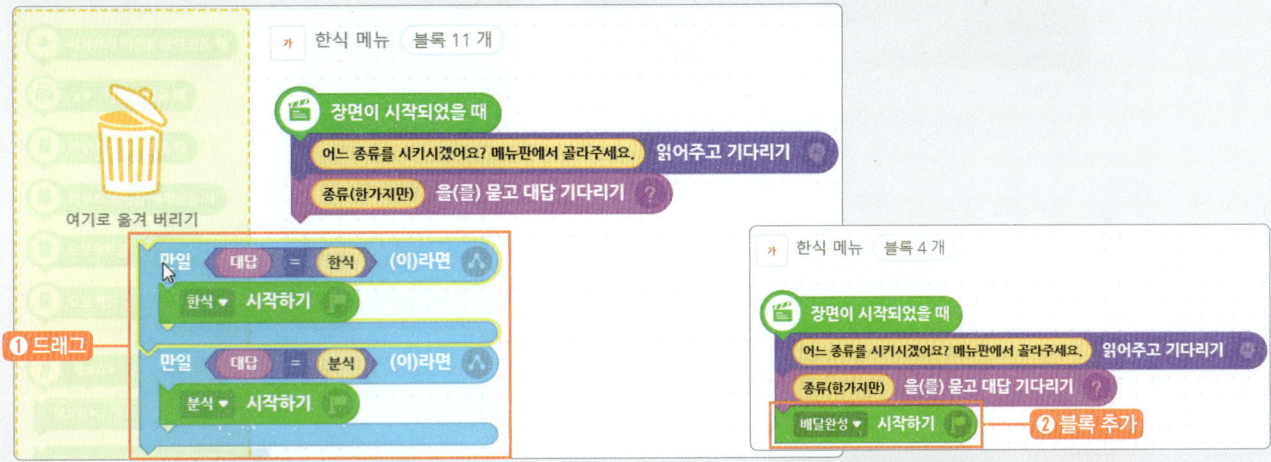

❻ '한식 메뉴' 오브젝트에 있는 블록 코드를 복사한 다음 [분식] 탭-'분식 메뉴' 오브젝트에 붙여넣기를 합니다.

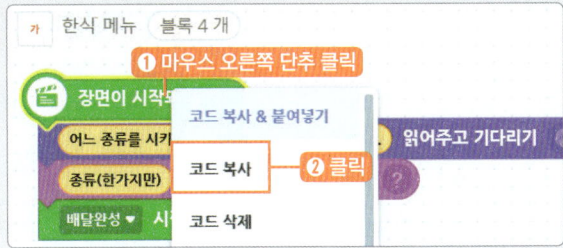 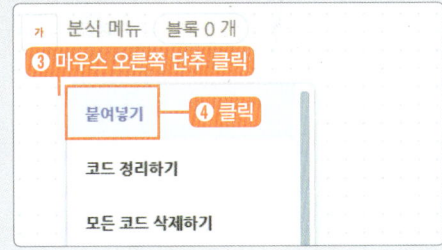

❼ [장면 1] 탭을 클릭하고 ▶시작하기 단추를 클릭하여 동작이 되는지 확인합니다.

TIP
여러 장면이 있으면 반드시 첫 장면에서 시작하기를 실행합니다.

❽ 완성된 파일을 저장하기( )-[저장하기]를 클릭합니다.

CHAPTER 02 문제해결능력 상상에 코딩을 더해서

📁 불러올 파일 : [02장]-2장 상상 코딩.ent   📁 완성된 파일 : 2장 상상 코딩_완성.ent

01 약속 시간에 늦은 엔트리봇의 탈것을 선택해서 이동하는 장면을 만들어 보세요.

■ 비행기를 타는 모습은 이동 방향을 300으로 정합니다.

 ▶

[문제 해결을 위한 블록]

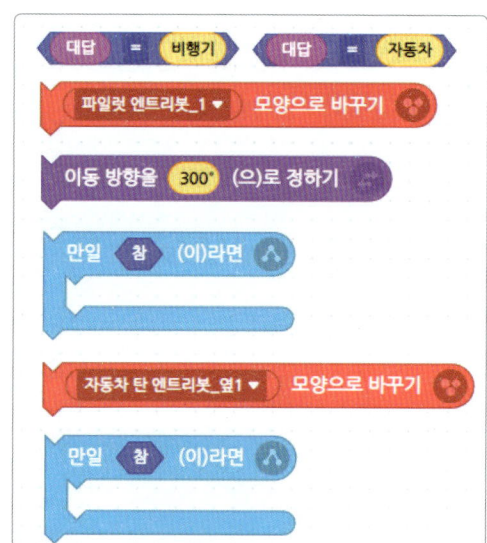

MEMO

CHAPTER 03 배달 AI, 뭘 시켜먹을까?(2)

■ 불러올 파일 : [03장]-배달 AI, 뭘 시켜먹을까2.ent   ■ 완성된 파일 : 배달 AI, 뭘 시켜먹을까2_완성.ent

AI처럼 생각해 보기

– 준비물 : 연필

● 다음 이미지를 보고 문제에 맞는 이미지 번호를 써봅니다.

이미지 번호

1	2	3
4	5	6
7	8	9
10	11	12

❶ 의자가 있는 이미지를 찾아보고 번호를 써보세요.

❷ 나무가 있는 이미지를 찾아보고 번호를 써보세요.

이런걸 배우요! → 오브젝트 모양 추가와 신호 보내기 알아보기!

- 오브젝트의 모양을 추가하는 방법을 알아봅니다.
- 대답에 따른 신호를 보내고 오브젝트의 모양을 바꾸는 방법을 알아봅니다.

▲ 미리보기 : 3일차_완성.ent

01 [배달완성] 장면 완성하기

① 엔트리에서 불러오기(📁)-[오프라인 작품 불러오기]를 클릭하고 [불러올 파일]-[03장]에서 '배달 AI, 뭘 시켜먹을까2.ent' 파일을 불러옵니다.

② [배달완성] 탭을 클릭하고 ┌ + 오브젝트 추가하기 ┐를 클릭한 후 '된장찌개' 오브젝트를 추가합니다.

③ '된장찌개' 오브젝트의 크기와 위치를 다음과 같이 조절합니다.

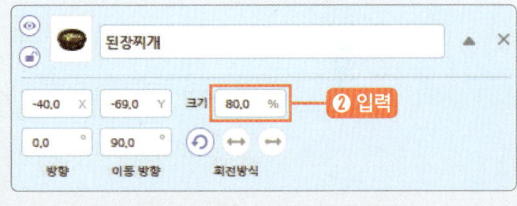

④ '된장찌개' 오브젝트에서 [모양] 탭을 선택하고 [모양 추가하기]를 클릭한 다음 '김치찌개_1' 오브젝트를 추가합니다.

⑤ 같은 방법으로 [모양 추가하기]로 '볶음밥_1', '라면_1' 오브젝트를 추가합니다.

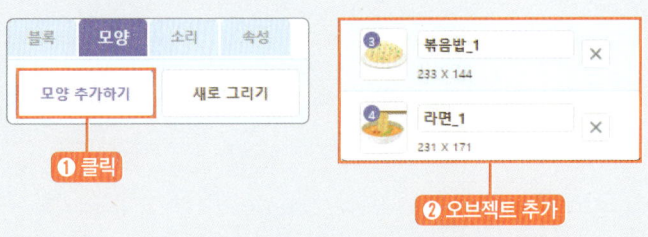

CHAPTER 03 배달 AI, 뭘 시켜먹을까?(2) **027**

❻ 이미지 파일을 불러오기 위해서 [모양 추가하기]를 클릭한 다음 [파일 올리기]-를 클릭합니다. 이어서, [열기] 대화상자가 열리면 [불러올 파일]-[03장]의 '김밥.png', '돼지갈비.png', '떡꼬치.png', '떡볶이.png' 파일을 선택하고 <열기> 단추를 클릭하고 <추가하기> 단추를 클릭합니다.

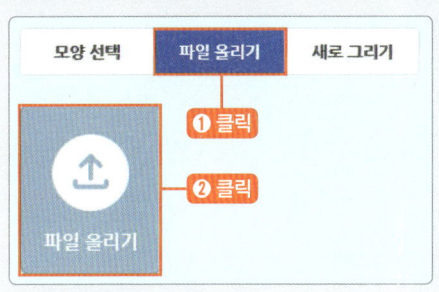

❼ 마무리로 수정된 내용을 저장하는 <확인> 단추를 클릭하고 '된장찌개_1' 오브젝트를 클릭하고 [블록] 탭을 선택합니다.

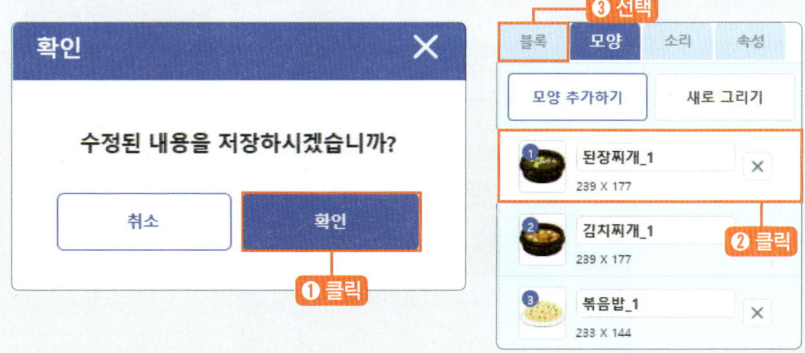

TIP
[모양 추가하기]는 마지막에 불러온 오브젝트가 선택되어 있으므로 처음 모양인 '된장찌개_1' 오브젝트를 선택합니다.

02 주문 음식에 따른 신호 보내기

❶ '된장찌개' 오브젝트를 선택하고 다음과 같이 블록 코드를 완성하여 봅니다.
   - [대답]의 조건 입력값이 "된장찌개밥"과 같다면 신호를 보내줍니다.
   - [된장찌개밥] 신호를 받으면 [모양]을 변경하고 AI가 말합니다.

❷ 조건 블록 코드에서 [코드 복사 & 붙여넣기]를 클릭하고 블록 코드 아래쪽으로 연결한 후 "김치찌개밥"으로 수정합니다.

❸ [신호를 받았을 때] 블록 코드에서 [코드 복사 & 붙여넣기]를 클릭한 다음 "김치찌개밥" 신호, "김치찌개_1" 모양, "김치찌개밥" 읽어주기 내용을 수정합니다.

❹ 같은 방법으로 조건 블록 코드는 복사하여 [장면이 시작되었을 때]에 연결한 다음 조건문과 신호를 수정합니다.

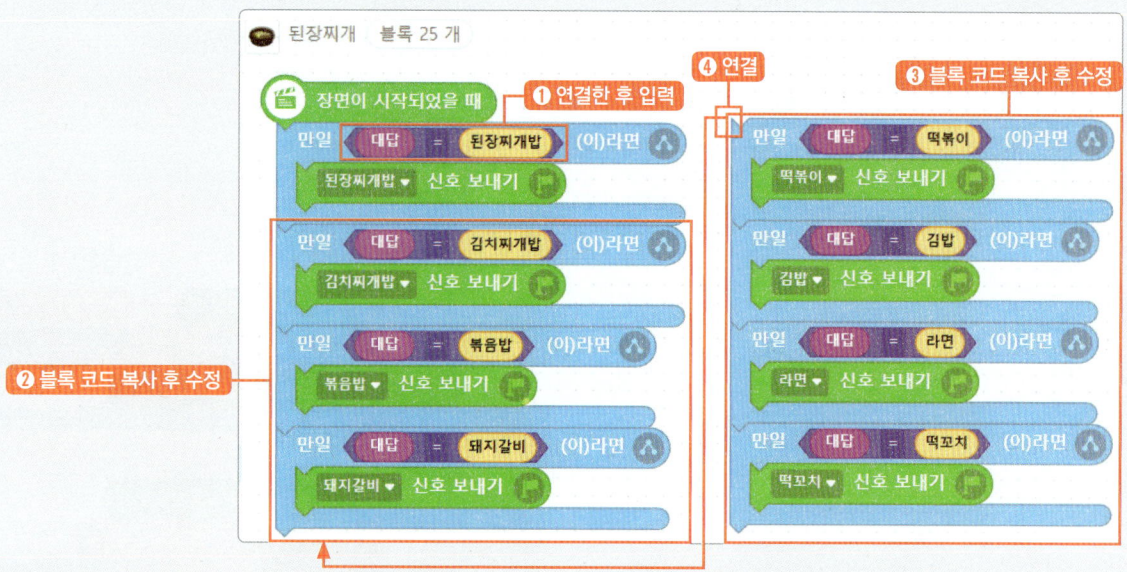

❺ [신호를 받았을 때] 블록 코드는 복사한 다음 음식에 맞게 내용을 수정합니다.

❻ [장면 1] 탭을 클릭하고 ▶ 시작하기 단추를 클릭하여 동작이 되는지 확인합니다.

❼ 완성된 파일을 저장하기(📁▼)-[저장하기]를 클릭합니다.

CHAPTER 03  상상에 코딩을 더해서

■ 불러올 파일 : [03장]-3장 상상 코딩.ent   ■ 완성된 파일 : 3장 상상 코딩_완성.ent

01 음식을 추가하고 주문을 하면 나오도록 만들어 보세요.

■ 한식 음식의 블록 코드를 복사하여 활용합니다.

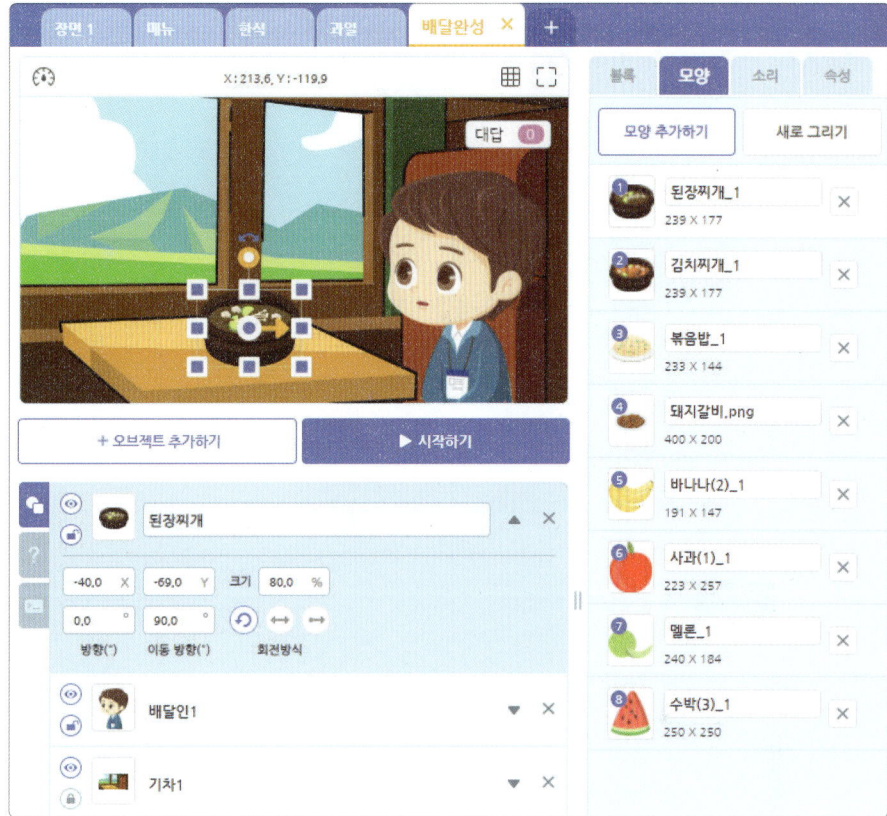

CHAPTER 03 배달 AI, 뭘 시켜먹을까?(2)

CHAPTER 04 지금이 낮이야 밤이야?

■ 불러올 파일 : [04장]-지금이 낮이야 밤이야.ent   ■ 완성된 파일 : 지금이 낮이야 밤이야_완성.ent

AI처럼 생각해 보기

– 준비물 : 연필

● 다음 1번 좌표의 위치를 확인하고 2번에서 6번까지의 좌표의 점을 표시한 다음 1번에서부터 6번 순서로 선을 연결하고 다시 1번으로 전체 선을 연결해 봅니다.

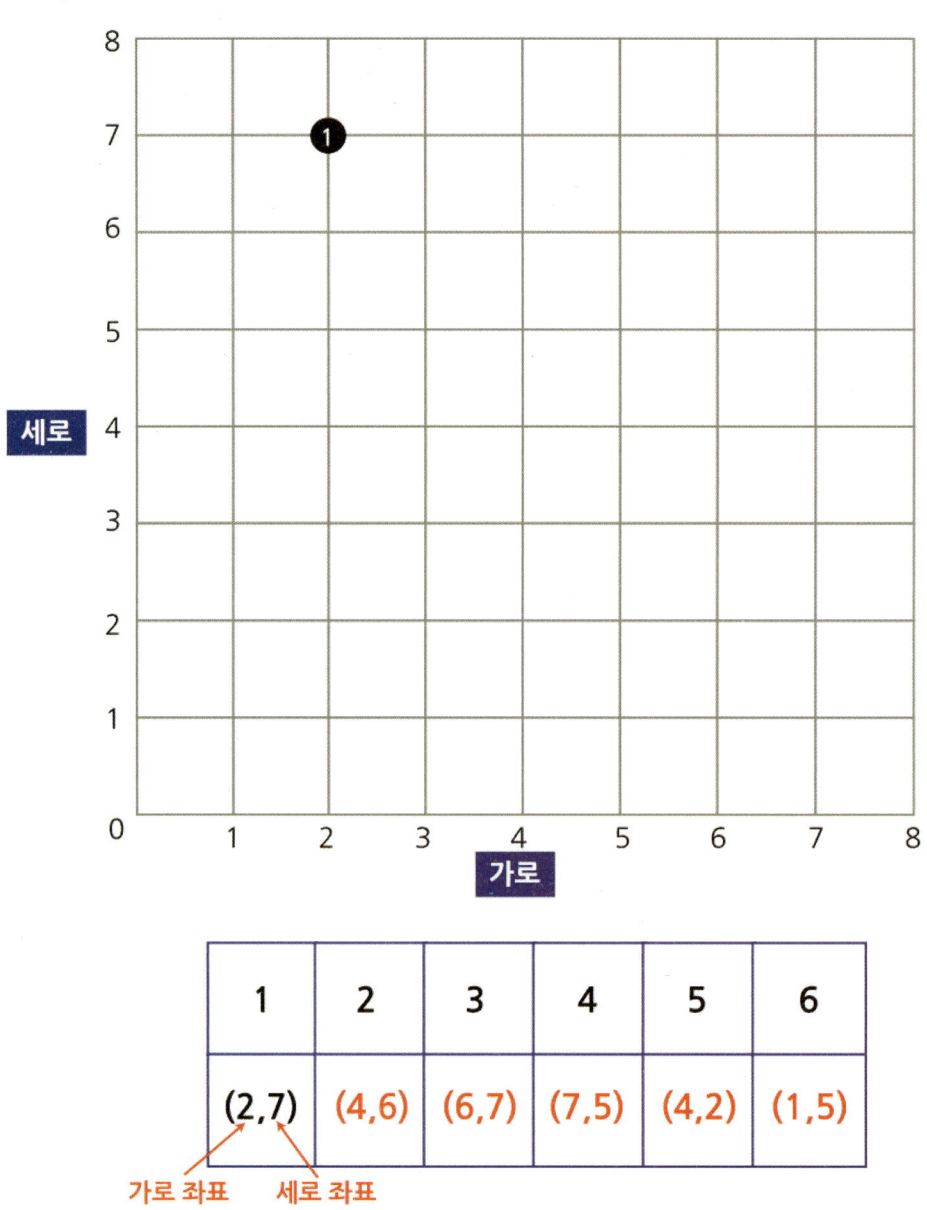

1	2	3	4	5	6
(2,7)	(4,6)	(6,7)	(7,5)	(4,2)	(1,5)

가로 좌표   세로 좌표

이런것 배워요! — 오브젝트 크기 반복과 읽어주기 블록 알아보기!

- AI 인공지능 블록에서 읽어주기를 사용합니다.
- 하나의 오브젝트에 다른 모양을 추가하는 방법을 알아봅니다.
- 소리 블록을 사용하는 방법을 알아봅니다.

▲ 미리보기 : 4일차_완성.ent

▶ 스토리

시계를 클릭하여 시간을 입력하고 낮인지 밤인지 확인해 볼까요?

01 엔트리 파일 불러오기

① 엔트리에서 불러오기( )-[오프라인 작품 불러오기]를 클릭하고 [불러올 파일]-[04장]에서 '지금이 낮이야 밤이야.ent' 파일을 불러옵니다.

② 이어서, + 오브젝트 추가하기 를 클릭하고 아래 그림과 같이 오브젝트를 추가하여 위치와 크기를 변경하여 배치하여 봅니다.
(오브젝트 : 배경-전등, 물건-시계, 엔트리-브이 윙크 앞모습)

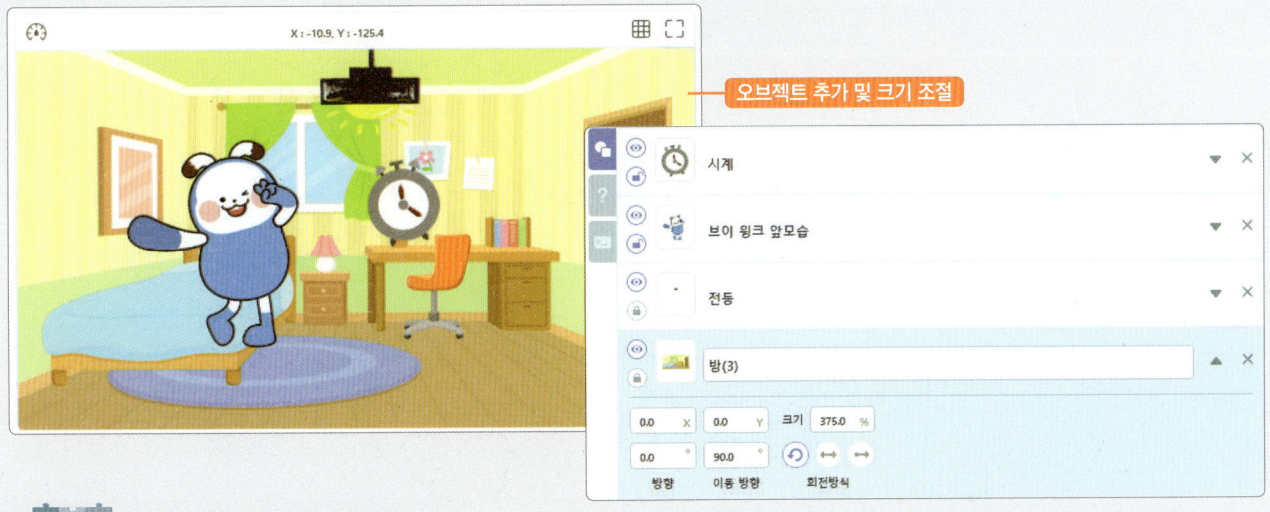

TIP
전등이 보이지 않는다면 오브젝트 목록에서 전등 오브젝트를 마우스 오른쪽 단추로 클릭하고 '위로 옮기기'를 클릭합니다.

③ '브이 윙크 앞모습' 오브젝트에서 [모양] 탭을 선택하고 <모양 추가하기> 단추를 클릭한 다음 '잠 이모티콘' 오브젝트를 추가합니다. 이어서, '브이 윙크 앞모습' 모양을 클릭합니다.

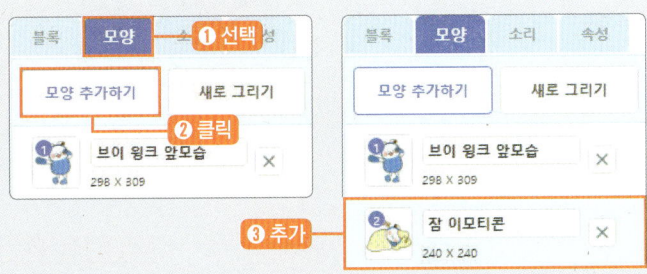

02 신호와 소리 추가하기

❶ '전등' 오브젝트에 시간에 따라 켜짐 / 꺼짐 신호를 보내기 위해서 [속성] 탭-[신호]를 클릭하고 <신호 추가하기> 단추를 클릭해서 다음과 같이 신호를 만들어 줍니다.

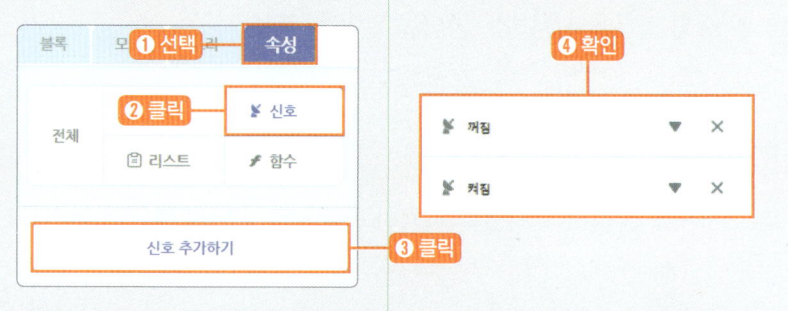

❷ '브이 윙크 앞모습' 오브젝트에 소리 효과음을 추가하기 위해서 [소리] 탭 <소리 추가하기> 단추를 클릭해서 다음과 같이 만들어 줍니다. (소리 효과음 : 코골이, 야호2)

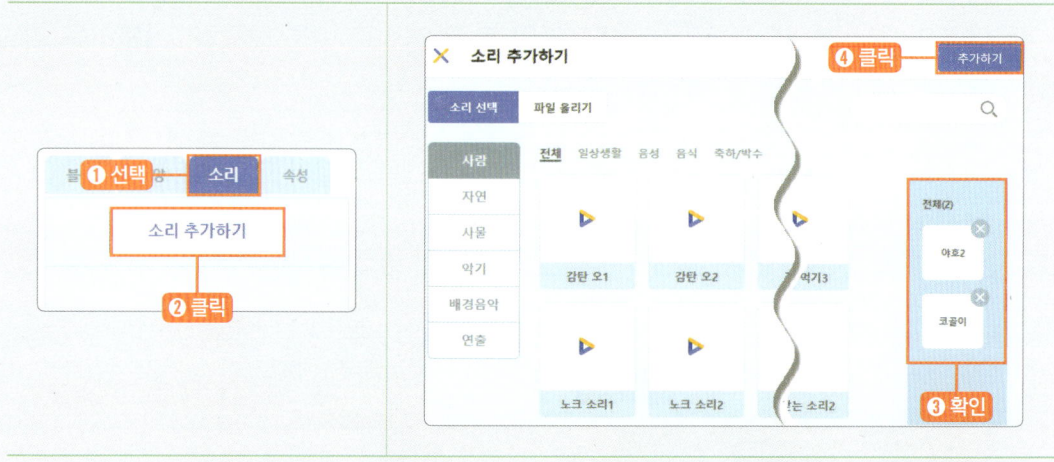

03 블록 코드 입력하기

❶ '전등' 오브젝트를 선택하여 아래 그림과 같이 낮과 밤을 표현하기 위한 블록 코드를 완성하여 봅니다.

❷ '시계' 오브젝트를 선택하여, 시계를 클릭하고 시간을 입력할 수 있도록 하는 블록 코드를 완성하여 봅니다.
  - 인공지능 블록에서 읽어주고 기다리기 블록 코드 사용
  - 시계의 크기를 커졌다 작아졌다 반복하기

- 시간을 입력할 수 있도록 묻고 대답 기다리기 블록 코드 사용
- 21시~6시 꺼짐 / 7시~20시 켜짐 신호 보내기

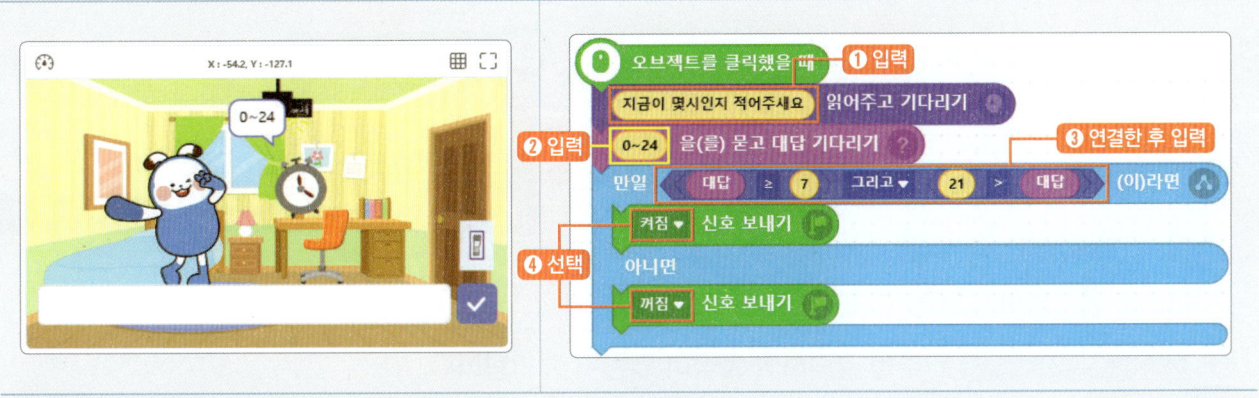

TIP

| 참 | 그리고 ▼ | 참 | : 2개의 조건을 지정해서 모든 조건이 맞아야 판단 블록을 실행합니다.
(블록 설명 : 대답이 7이상이면서 21미만이면 [켜짐] 신호를 보냅니다.)

CHAPTER 04 지금이 낮이야 밤이야? 035

❸ '브이 윙크 앞모습' 오브젝트
  – 인공지능 블록에서 읽어주고 기다리기 블록 코드 사용
  – 켜짐 / 꺼짐 신호에 따라 오브젝트의 모양을 바꾸고 소리 재생하고 기다리기

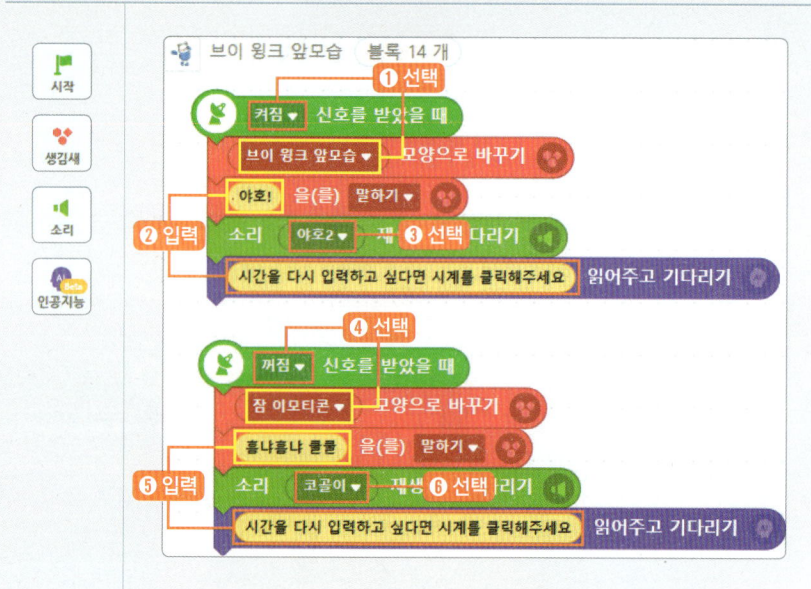

❹ ▶시작하기 단추를 클릭하여 동작이 되는지 확인합니다.

❺ 완성된 파일을 저장하기(💾)-[저장하기]를 클릭합니다.

CHAPTER 04 상상에 코딩을 더해서

■ 불러올 파일 : [04장]-4장 상상 코딩.ent   ■ 완성된 파일 : 4장 상상 코딩_완성.ent

▶ **더하기 스토리** : 엔트리봇이 잠에서 깨어난 후 오렌지주스를 마시는 동작을 만들어 보세요.

01 '브이 윙크 앞모습' 오브젝트에 새로운 모양과 소리를 추가하여 봅니다.

- '오렌지주스 이모티콘' 오브젝트, 빨대로 마시는 소리 2 추가
- [말하기] "블록 정신이 번쩍 들게 오렌지 주스 한잔!"

02 새로운 동작의 블록 코드를 넣어야 하는 위치는 어디일까요?

> **TIP**
> 켜짐 신호를 받았을 때 블록 코드에서 반복되는 부분이 있으니 잘 찾아보세요.

책을 찾아줘 AI

■ 불러올 파일 : [05장]-책을 찾아줘 AI.ent   ■ 완성된 파일 : 책을 찾아줘 AI_완성.ent

AI처럼 생각해 보기

– 준비물 : 연필

● 다음 이미지를 보고 문제에 맞는 이미지 번호를 써봅니다.

이미지 번호

1	2	3
4	5	6
7	8	9
10	11	12

❶ 책이 있는 이미지를 찾아보고 번호를 써보세요.

❷ 나무가 있는 이미지를 찾아보고 번호를 써보세요.

이런걸 배워요!
읽어주기 블록과 모양 추가에 대해 알아보기!

- AI 인공지능 블록에서 읽어주기를 사용하고 목소리를 변경하는 방법을 알아봅니다.
- 모양을 편집하는 방법을 알아봅니다.

▲ 미리보기 : 5일차_완성.ent

▶ **스토리**

도서관에서 책을 찾기가 너무 어려워요. AI에게 책을 찾아달라고 해볼까요?

01 신호 만들기와 모양 추가하기

❶ [불러올 파일]-[05장]에서 '책을 찾아줘 AI.ent' 파일을 불러온 다음 [속성] 탭에서 [신호]-<신호 추가하기> 단추를 클릭하고 '이동', '로봇', '검색' 신호를 작성합니다.

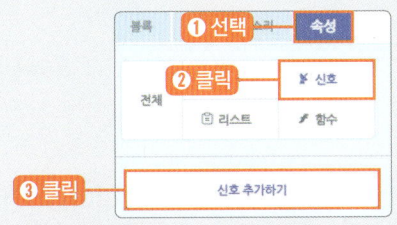 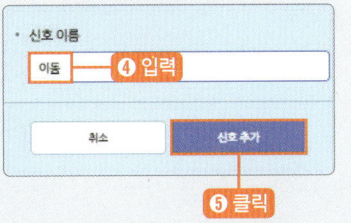 

❷ '소놀 AI 로봇' 오브젝트를 선택하고 [모양] 탭을 클릭합니다.

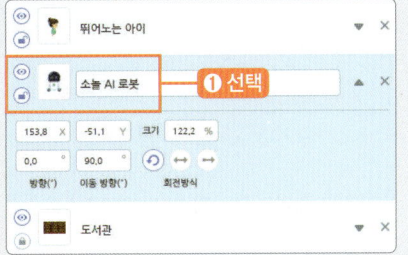 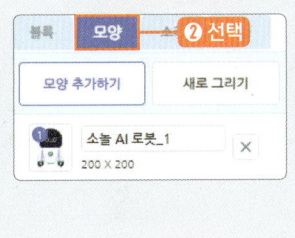

❸ '소놀 AI 로봇_3'을 선택하고 <모양 가져오기> 단추를 클릭합니다.

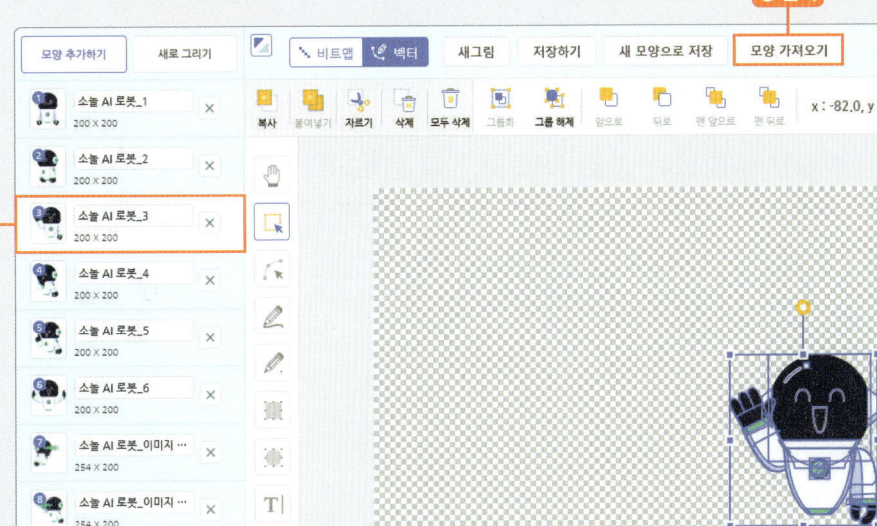

CHAPTER 05 책을 찾아줘 AI **039**

④ [모양 가져오기]에서 [파일 올리기]- 를 클릭합니다. 이어서, [열기] 대화상자가 열리면 [불러올 파일]-[05장]의 '책1.png' 파일을 선택하고 <열기> 단추를 클릭하고 <추가하기> 단추를 클릭합니다.

⑤ '소놀 AI 로봇_3' 오브젝트가 책을 들고 있는 것처럼 크기와 회전을 하여 배치합니다. 이어서, 오른쪽 상단의 <저장하기> 단추를 클릭합니다.

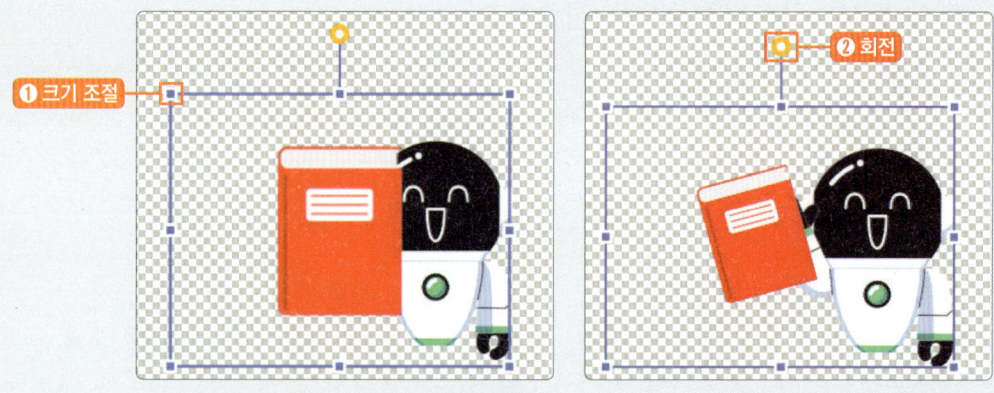

⑥ 같은 방법으로 '소놀 AI 로봇_5'를 선택하고 '책2.png'를 가져와 크기와 회전을 하여 배치합니다. 이어서, '소놀 AI 로봇_1' 모양을 선택하고 <저장하기> 단추를 클릭합니다.

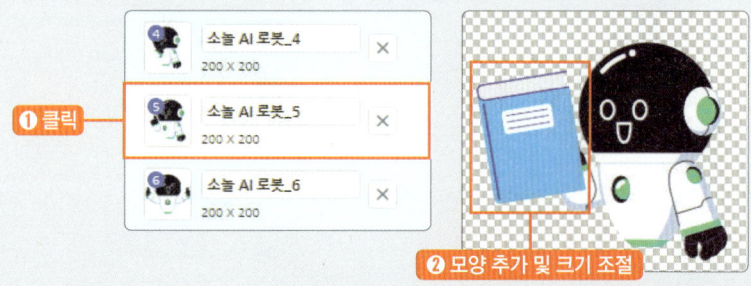

02 아이가 말하고 움직이게 코딩하기

❶ '뛰어노는 아이' 오브젝트를 선택하고 [블록] 탭을 클릭한 후, 다음과 같이 블록 코드를 완성하여 봅니다.
   – 시작하면서 목소리를 설정하고 읽어주고 기다리기("도서관에서 책을 찾아봐야겠어.", "안내하는 로봇이 있구나.")
   – 읽어주기를 하고 [이동] 신호를 보냅니다.

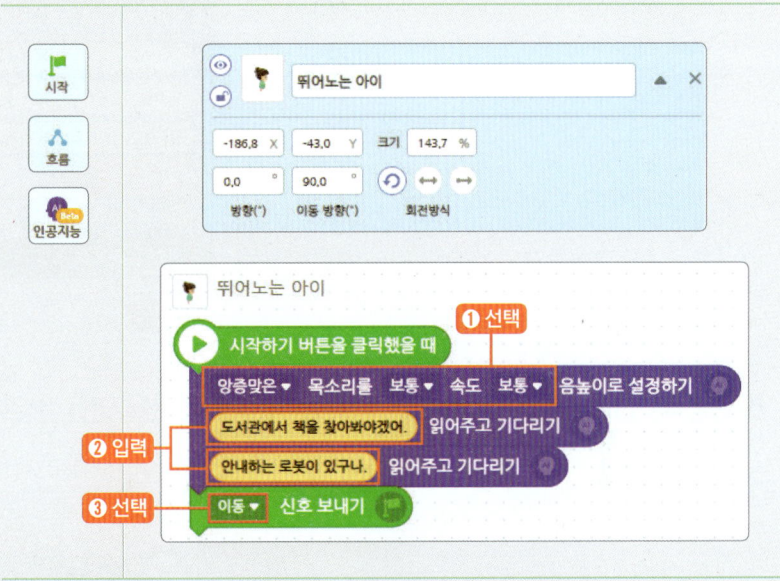

❷ [이동] 신호를 받으면 아이가 움직이는 장면을 만들기 위해 다음과 같이 블록 코드를 완성하여 봅니다.
   – '뛰어노는 아이' 오브젝트가 이동하면서 움직이는 모습을 보여주기 위해 모양 바꾸기를 이용

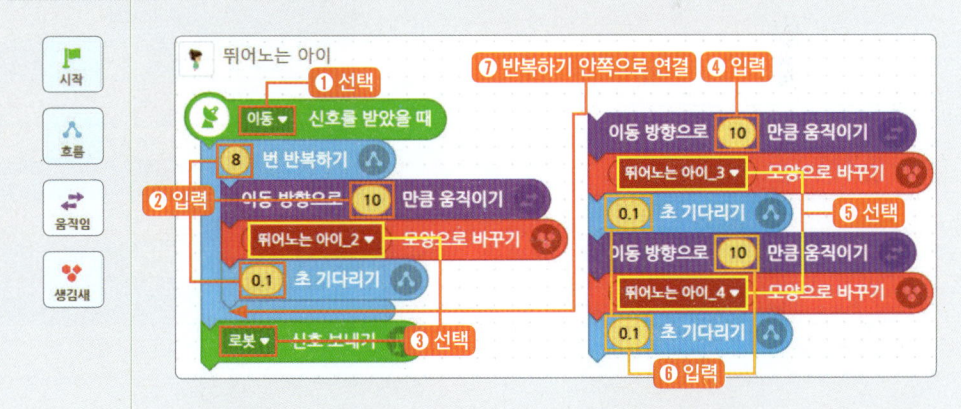

TIP
'뛰어노는 아이' 오브젝트는 반복하기 횟수에 따라서 도착하는 지점이 바뀌게 됩니다. 이동 방향으로 움직이는 거리가 10보다 작은 수로 입력하면 반복하기 횟수가 높아야합니다.

CHAPTER 05 책을 찾아줘 AI 041

03 AI 로봇 신호 받고 검색하기

❶ '소놀 AI 로봇' 오브젝트를 선택하고 다음과 같이 블록 코드를 완성하여 봅니다.

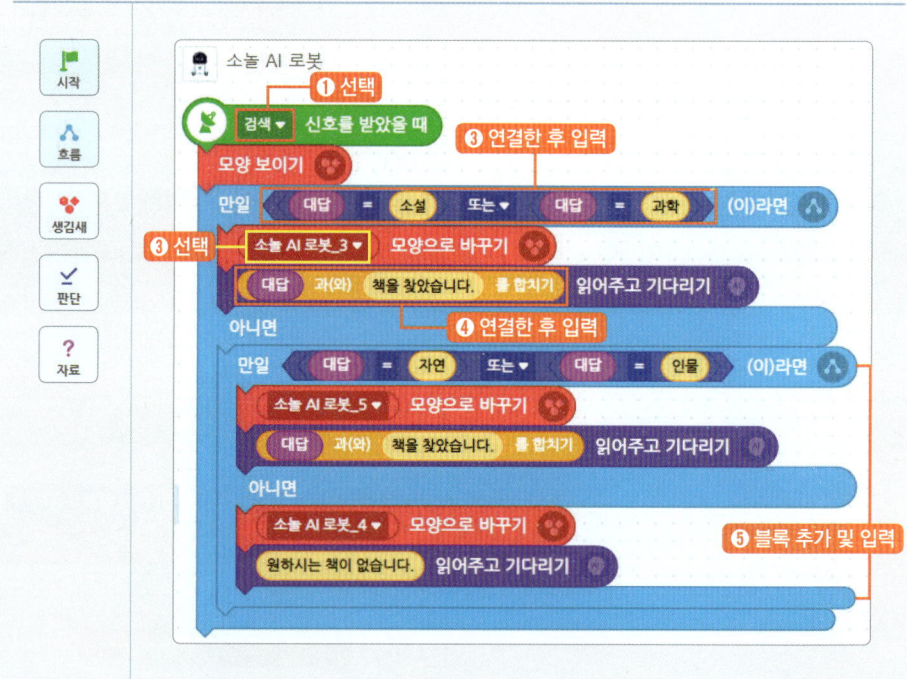

❷ [검색] 신호를 받으면 로봇이 책을 찾아주는 장면을 만들기 위해 다음과 같이 블록 코드를 완성하여 봅니다.

❸ ▶시작하기 단추를 클릭하여 동작이 되는지 확인 후 저장을 합니다.

CHAPTER 05 문제해결능력 상상에 코딩을 더해서

📁 불러올 파일 : [05장]-5장 상상 코딩.ent 📁 완성된 파일 : 5장 상상 코딩_완성.ent

▶ **더하기 스토리** : 로봇에게 책을 받고나서 나가는 장면을 만들어 보세요.

01 로봇이 책을 찾은 후 '뛰어노는 아이' 오브젝트를 나가는 장면으로 블록 코딩을 완성하세요.

- '[나가기] 신호를 받았을 때' 블록 코드를 수정하세요.
- [말하기] 블록("고마워~", 2초)
- 이동 방향을 설정 후 왼쪽으로 걸어 나가고 왼쪽 끝에 도착하면 1초 후 숨기기

[문제 해결을 위한 블록]

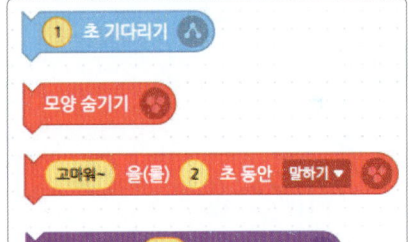

TIP 왼쪽으로 나가는 장면을 만들려면 회전방식을 좌우(↔)로 변경합니다.

CHAPTER 06 AI 번역을 사용해 볼까?

📘 불러올 파일 : [06장]-AI 번역기.ent   📗 완성된 파일 : AI번역기_완성.ent

AI처럼 생각해 보기

– 준비물 : 연필

● 다음 이미지를 보고 영어 단어를 찾아보세요. 네모 칸에 있는 영어가 맞으면 '1'을 표시하고 영어 단어가 아니면 '0'을 써봅니다.

예) 문어의 영어 단어 'OCTOPUS'를 확인합니다.

A	O	F	C	T	O	P	U	S
0	1	0	1	1	1	1	1	1

B	D	Z	T	E	A	B	R	A

F	Y	B	A	A	R	O	M	G

이런건 배워요! ▶ 번역 블록 알아보기!

- AI 인공지능 블록에서 번역기능을 사용합니다.
- 신호를 추가하여 반복하여 실행시키는 방법을 알아봅니다.

▲ 미리보기 : 6일차_완성.ent

▶ 스토리

한국 진행자의 안내에 따라 번역을 원하는 나라와 질문을 입력하면 AI가 번역하여 말해줘요.

01 엔트리 파일 불러오기

❶ 엔트리에서 불러오기( )-[오프라인 작품 불러오기]를 클릭하고 [불러올 파일]-[06장]에서 'AI 번역기.ent' 파일을 불러옵니다.

❷ + 오브젝트 추가하기 를 클릭하고 아래 그림과 같이 오브젝트와 글상자를 추가하고 오브젝트 이름과 크기를 변경하여 배치하여 봅니다.
(오브젝트 : 선생님(2)_1, 인사하는 사람(1)_1, 대학생(2)_1)

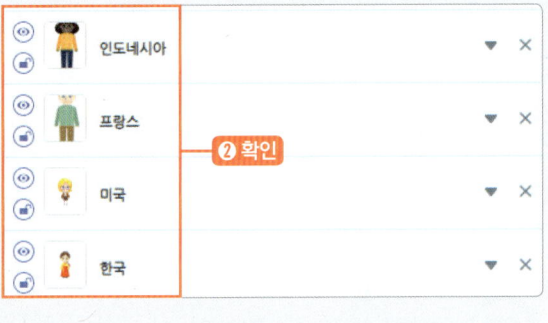

(글상자 : 미국, 프랑스, 인도네시아 / 속성 : 나눔고딕체, 굵게, 흰색 채우기)

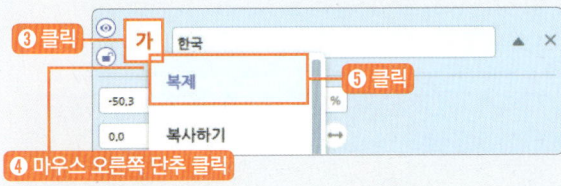
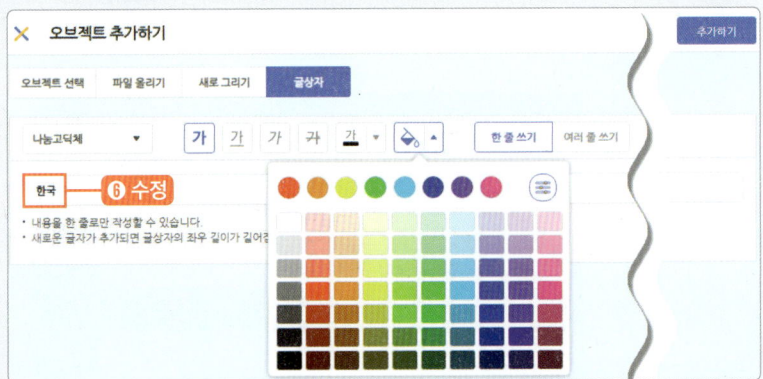

기존 글상자를 복사하고 내용을 변경해서 사용하면 좋습니다.

CHAPTER 06 AI 번역을 사용해 볼까? **045**

02 신호와 변수 만들기

① 한국 진행자 안내에 따라 번역할 나라를 입력하면 나라이름을 지정하기 위해서 [속성] 탭-[변수]를 클릭하고 <변수 추가하기> 단추를 클릭해서 다음과 같이 변수를 만들어 줍니다.

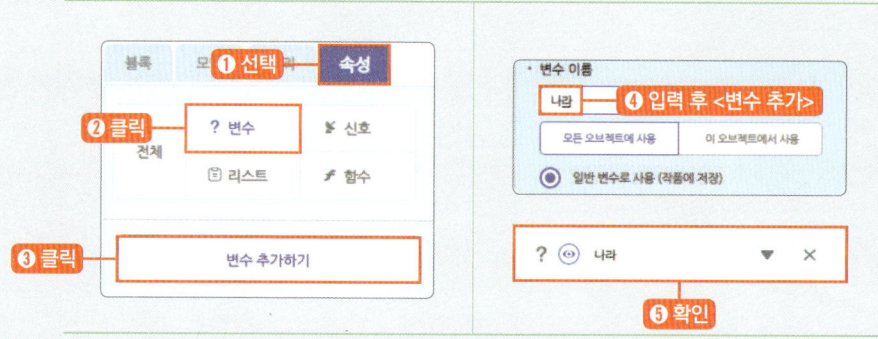

② 각 나라 오브젝트에 질문과 답을 주고 받기 위해서 [속성] 탭-[신호]를 클릭하고 <신호 추가하기> 단추를 클릭해서 다음과 같이 신호를 만들어 줍니다.

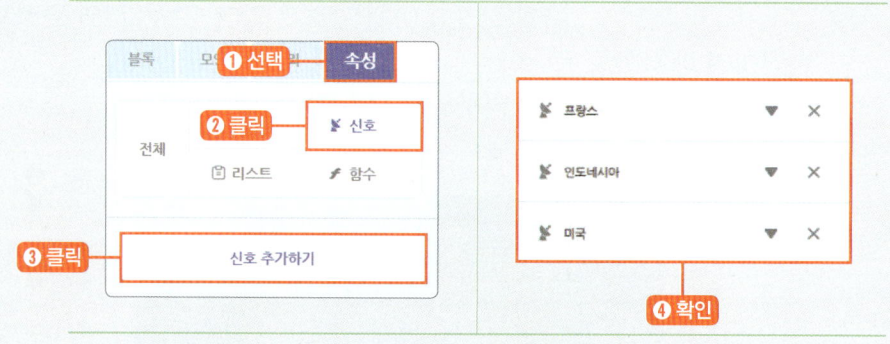

03 블록 코드 입력하기

① '한국' 오브젝트를 선택하여 아래 그림과 같이 진행자 역할을 하기 위한 블록 코드를 완성하여 봅니다.

- 대답과 변수(나라) 창은 숨기기 블록 코드 사용
- 읽어주고 기다리기와 묻고 대답 기다리기 내용 동일하게 사용
- 번역할 나라와 질문을 입력하고 신호보내기 사용

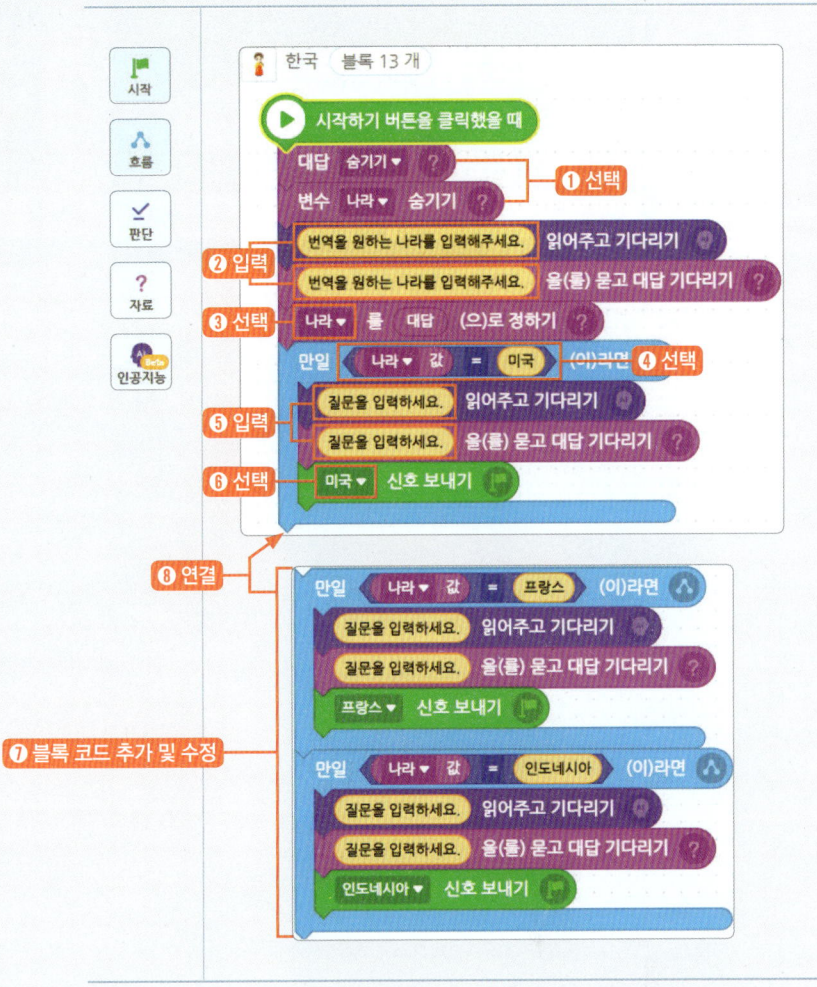

TIP
블록 코드가 반복이 되는 부분을 찾아서 복사해 사용하면 좋습니다.

❷ '미국' 오브젝트를 선택하여 대답에 대한 번역을 말하고 처음으로 돌아가 재시작하는 블록 코드를 완성하여 봅니다.
  - '프랑스', '인도네시아' 오브젝트에 코드를 복사하여 사용

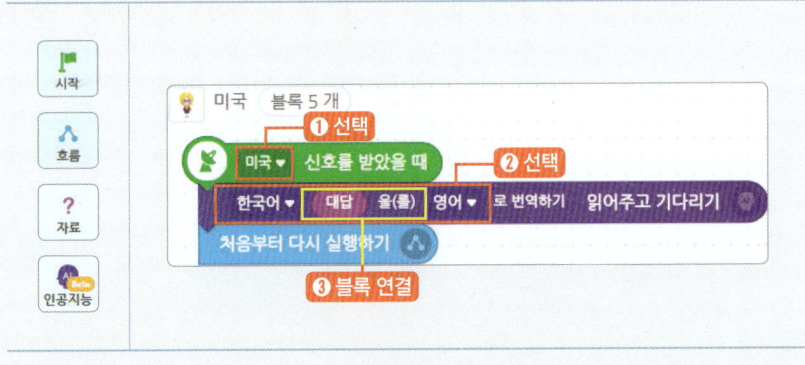

CHAPTER 06 AI 번역을 사용해 볼까? **047**

❸ ▶시작하기 단추를 클릭하여 동작이 되는지 확인합니다.

❹ 완성된 파일을 저장하기(🖫)-[저장하기]를 클릭합니다.

CHAPTER 06 — 문제해결능력 상상에 코딩을 더해서

■ 불러올 파일 : [06장]-6장 상상 코딩.ent   ■ 완성된 파일 : 6장 상상 코딩_완성.ent

▶ **더하기 스토리** : 더 많은 나라들을 추가해서 AI 번역기를 사용해볼까요?

01 엔트리에서 불러오기( )-[오프라인 작품 불러오기]를 클릭하고 [불러올 파일]-[06장]에서 '6장 상상 코딩.ent' 파일을 불러옵니다.

02 이어서, [+오브젝트 추가하기] 아래 그림과 같이 오브젝트와 글상자를 추가하고 오브젝트 이름과 크기를 변경하여 배치하여 봅니다.

(오브젝트 : 원피스입은 사람, 바쁜 회사원(3)), (글상자 : 중국, 독일)

03 새롭게 추가한 나라의 신호를 추가하고, 아래와 같이 블록 코딩 후 AI 번역이 잘 되는지 확인해봅니다.

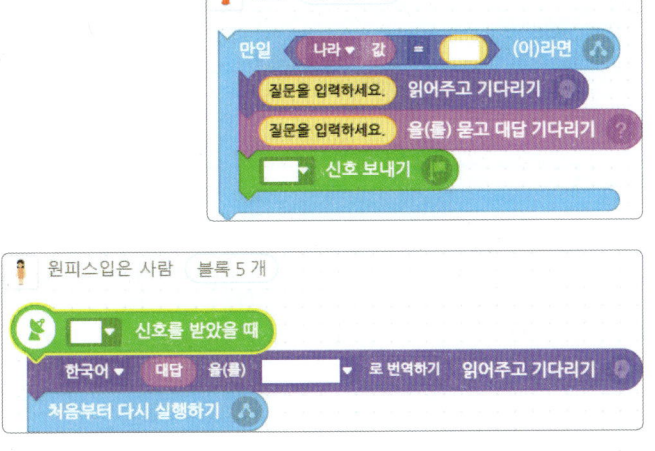

CHAPTER 07 도와줘 번역로봇!

📁 **불러올 파일** : [07장]-도와줘 번역로봇!.ent   📁 **완성된 파일** : 도와줘 번역로봇!_완성.ent

AI처럼 생각해 보기

– 준비물 : 연필

● 다음 1번 좌표의 위치를 확인하고 2번에서 8번까지의 좌표의 점을 표시한 다음 1번에서부터 8번 순서로 선을 연결하고 다시 1번으로 전체 선을 연결해 봅니다.

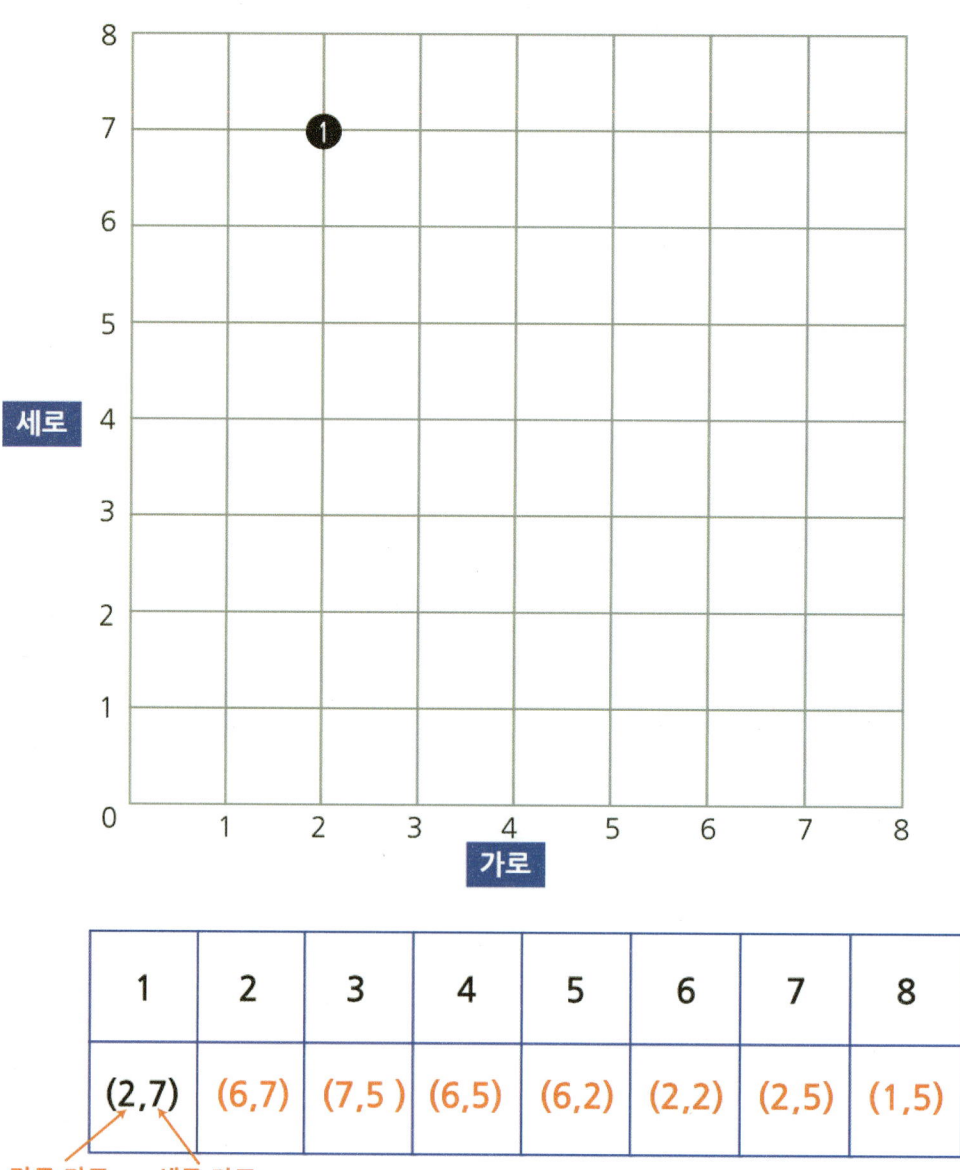

1	2	3	4	5	6	7	8
(2,7)	(6,7)	(7,5)	(6,5)	(6,2)	(2,2)	(2,5)	(1,5)

가로 좌표   세로 좌표

이런걸 배워요! → 번역 블록에 대해 알아보기!

- AI 인공지능 블록에서 번역을 사용하고 다른 언어로 번역할 방법을 알아봅니다.

▲ 미리보기 : 7일차_완성.ent

▶ 스토리

공원을 산책하고 있는데 길을 찾는 외국인이 있어요. 로봇에게 영어로 번역해서 안내를 해볼까요?

01 신호 만들기

① [불러올 파일]-[07장]에서 '도와줘 번역로봇!.ent' 파일을 불러온 다음 [속성] 탭에서 [신호]-<신호 추가하기> 단추를 클릭하고 '소년', '외국인', '로봇', '감사' 신호를 작성합니다.

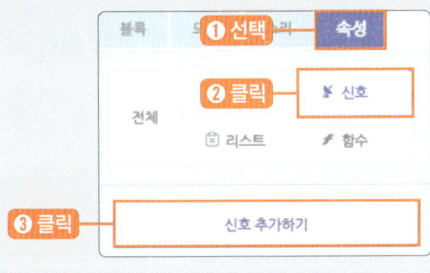 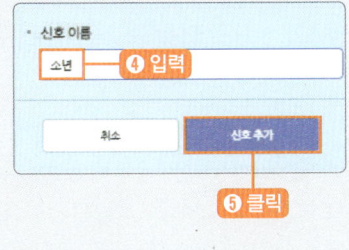 

02 외국인에게 이야기하기

① '소년(2)' 오브젝트를 선택하고 다음과 같이 블록 코드를 완성하여 봅니다.
 - [말하기] 블록 코드("안녕하세요?", "도움이 필요한가요?", 2초)

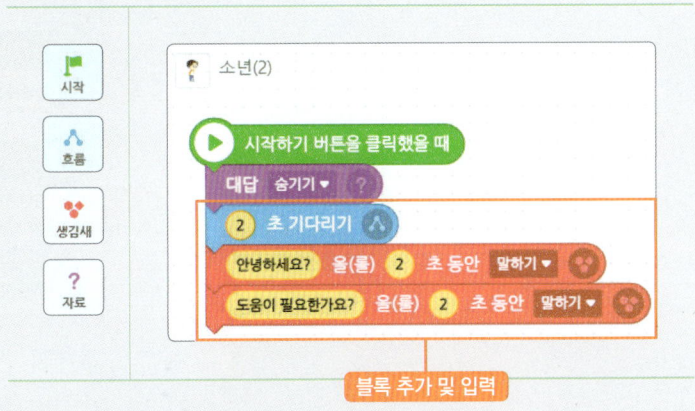

CHAPTER 07 도와줘 번역로봇!

❷ "인사하는 사람(2)' 오브젝트를 선택하고 다음과 같이 블록 코드를 완성하여 봅니다.
- [말하기] 블록 코드("I need a hand.", 3초)
- [말하기] 블록 코드("Where is the nearest subway station?")

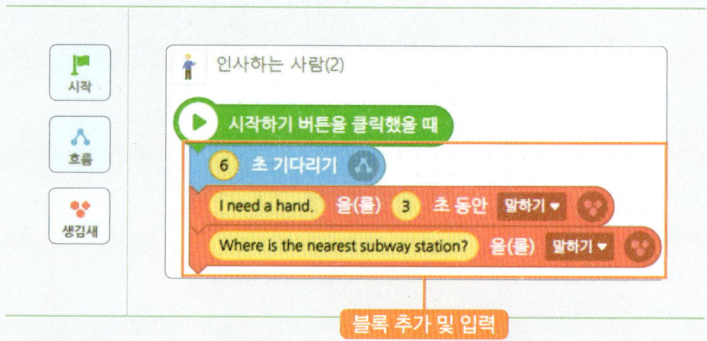

03 로봇이 번역하기

❶ 블록 꾸러미를 선택하고 [인공지능 블록 불러오기]-[번역]을 클릭한 후 <불러오기> 단추를 클릭합니다.

❷ '꼬마 로봇' 오브젝트를 선택하고 다음과 같이 블록 코드를 완성하여 봅니다.
- [번역하기] '영어'선택, '한국어'선택
- [말하기] 블록 코드("번역이 필요하면 저를 클릭하세요.", 3초)
- [묻고 대답 기다리기] 블록 코드("영어입력")

04 외국인에게 길 안내 해주기

❶ '소년(2)' 오브젝트를 선택하고 다음과 같이 블록 코드를 완성하여 봅니다.
- [말하기] 블록 코드("가까운 지하철은 저 앞쪽 사거리에서 왼쪽에 있어요.", 4초)
- [말하기] 블록 코드("로봇아 이말 번역해줄래?", 2초)

❷ '꼬마 로봇' 오브젝트를 선택하고 다음과 같이 블록 코드를 완성하여 봅니다.
- [번역하기] '한국어'선택, '영어'선택("가까운 지하철은 저 앞쪽 사거리에서 왼쪽에 있어요.")

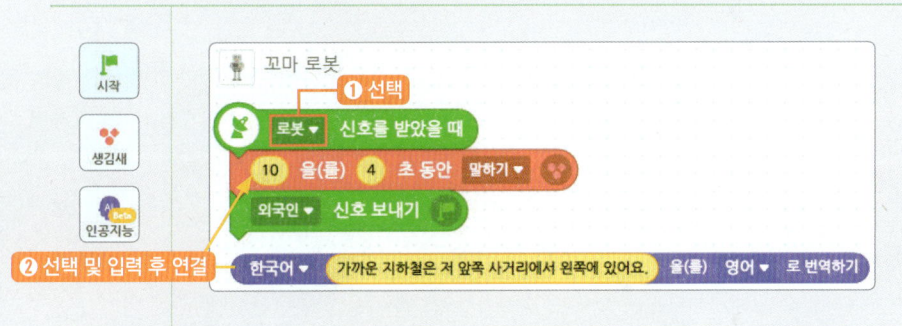

❸ '인사하는 사람(2)' 오브젝트를 선택하고 다음과 같이 블록 코드를 완성하여 봅니다.
- [말하기] 블록 코드("oh! thank you", 3초)

❹ '소년(2)' 오브젝트를 선택하고 다음과 같이 블록 코드를 완성하여 봅니다.
   – [말하기] 블록 코드("안녕히가세요.", "로봇아 고마워.", 2초)

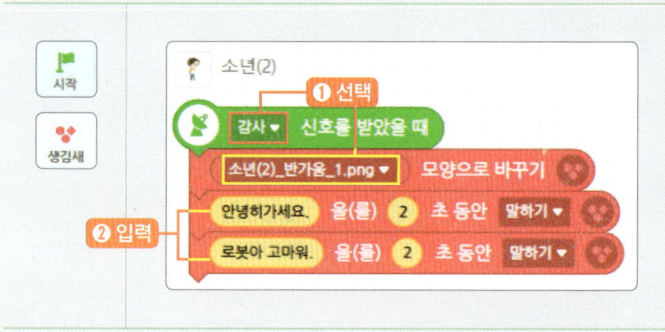

05 실행하고 번역 확인하기

❶ ▶시작하기 단추를 클릭합니다.

❷ 대화를 확인하고 '꼬마 로봇' 오브젝트를 클릭한 후 영어를 입력하고 확인 단추를 클릭합니다.

❸ '꼬마 로봇' 오브젝트가 영어로 말하기는 장면을 확인하고 저장을 합니다.

CHAPTER 07 상상에 코딩을 더해서

■ 불러올 파일 : [07장]-7장 상상 코딩.ent   ■ 완성된 파일 : 7장 상상 코딩_완성.ent

▶ **더하기 스토리** : 칠판에 나오는 그림을 한글로 입력하면 엔트리가 영어로 말합니다.

01 칠판에 나오는 그림을 입력하면 엔트리가 영어로 말하는 장면으로 블록 코딩을 완성하세요.

- 시작 버튼을 클릭하면 오브젝트 모양이 바뀌면서 [말하기] 신호를 보냅니다.
- 엔트리가 [말하기] 신호를 받고 오브젝트의 이름을 입력하면 영어로 말합니다.
- 영어로 번역 후 다시 [문제] 신호를 보냅니다.

[문제 해결을 위한 블록]

CHAPTER 08 내가 말하는 대로 움직여

■ 불러올 파일 : [08장]-말하기.ent   ■ 완성된 파일 : 말하기_완성.ent

AI처럼 생각해 보기

– 준비물 : 연필

- 다음 이미지를 보고 정육면체의 개수를 네모칸에 써보세요.

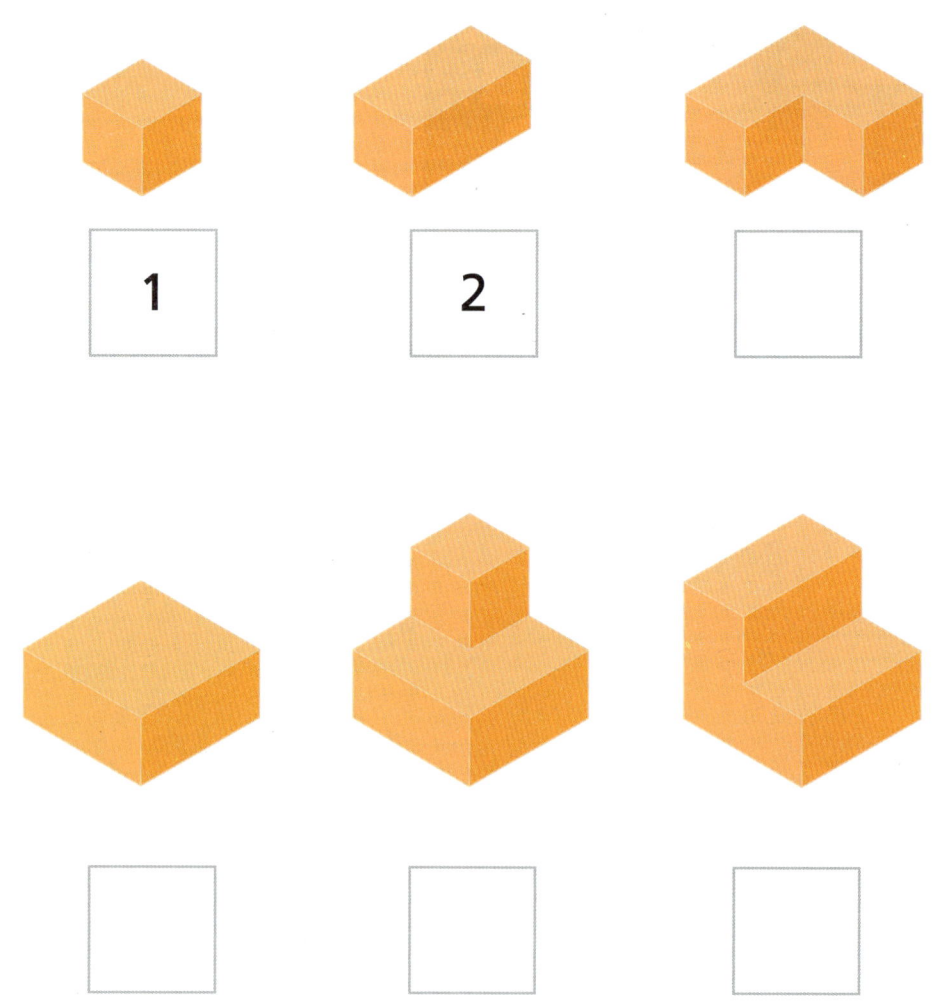

이런 건 배워요! ▶ 오디오 감지에 대해 알아보기!

- AI 인공지능 블록에서 오디오 감지로 음성을 인식을 알아봅니다.

▲ 미리보기 : 8일차_완성.ent

▶ 스토리

[장면 1] 배경 오브젝트와 움직임이 있는 캐릭터 오브젝트 2개를 추가한 후 오디오 인식에 따라 움직이도록 코딩해 보아요.
- 타이거 마스크에게는 "댄스", 뛰는 사람에게는 "뛰어",
- 모두 멈추고 싶을 때는 "멈춰"라고 말해보세요.

[장면 2] 팔 들었다 내리기 시합이 한창입니다. 누가 일등을 할지 음성인식하기를 클릭하고 "시작"이라고 외쳐봅니다. 역시 "멈춰"라고 외치면 모든 선수가 멈출 겁니다.

01 음성인식하기 글상자 만들기

❶ [불러올 파일]-[08장]에서 '말하기.ent' 파일을 불러온 다음 `+ 오브젝트 추가하기` 를 클릭합니다.

❷ 이어서, [글상자]를 선택하고 '음성인식하기'를 입력하고 <추가하기> 단추를 클릭 후 오브젝트의 위치를 화면 위쪽에 배치합니다.

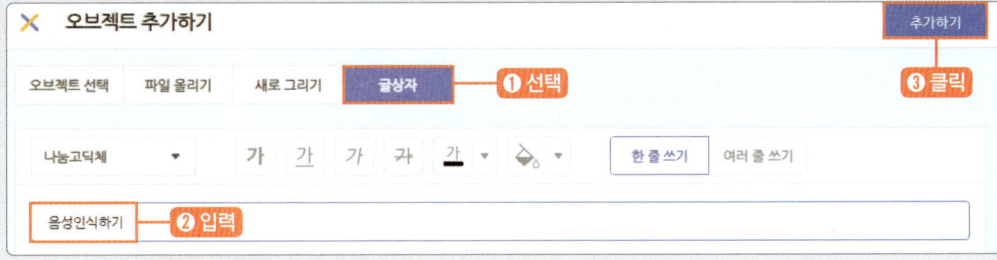

02 신호와 음성인식 코드 만들기

❶ [속성] 탭에서 [신호]-<신호 추가하기> 단추를 클릭하고 '달려', '댄스', '멈춰', '시작' 신호를 작성합니다.

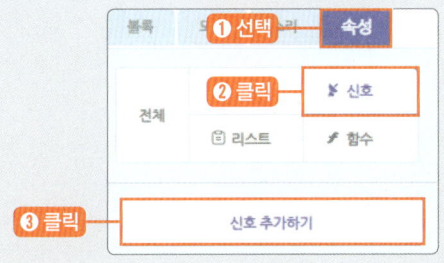
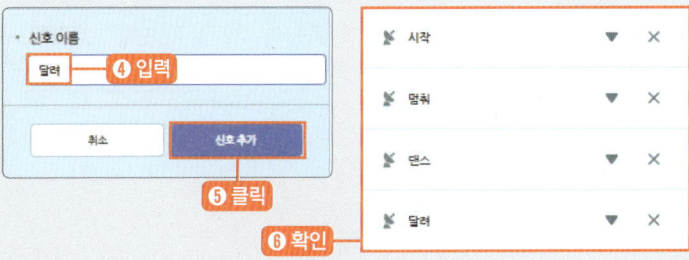

❷ [블록] 탭을 선택하고 ![인공지능] 블록 꾸러미를 선택한 후 [인공지능 블록 불러오기]-[오디오 감지]와 [읽어주기]를 클릭한 후 <불러 오기> 단추를 클릭합니다.

❸ '음성인식하기' 오브젝트를 선택하고 다음과 같이 블록 코드를 완성하여 봅니다.

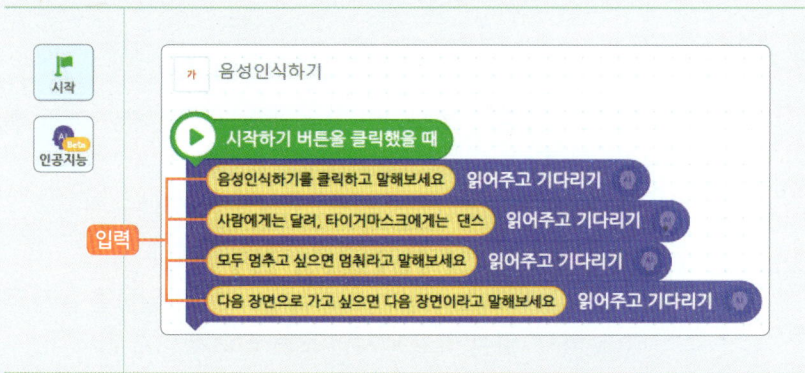

❹ 이어서 '음성인식하기' 오브젝트를 클릭하면 음성을 판단하는 블록 코드를 완성하여 봅니다.
  - 마이크가 연결되면 음성을 인식합니다.
  - 인식된 음성을 문자로 바꾼 값과 비교를 하여 코드를 멈추거나 신호를 보내줍니다.

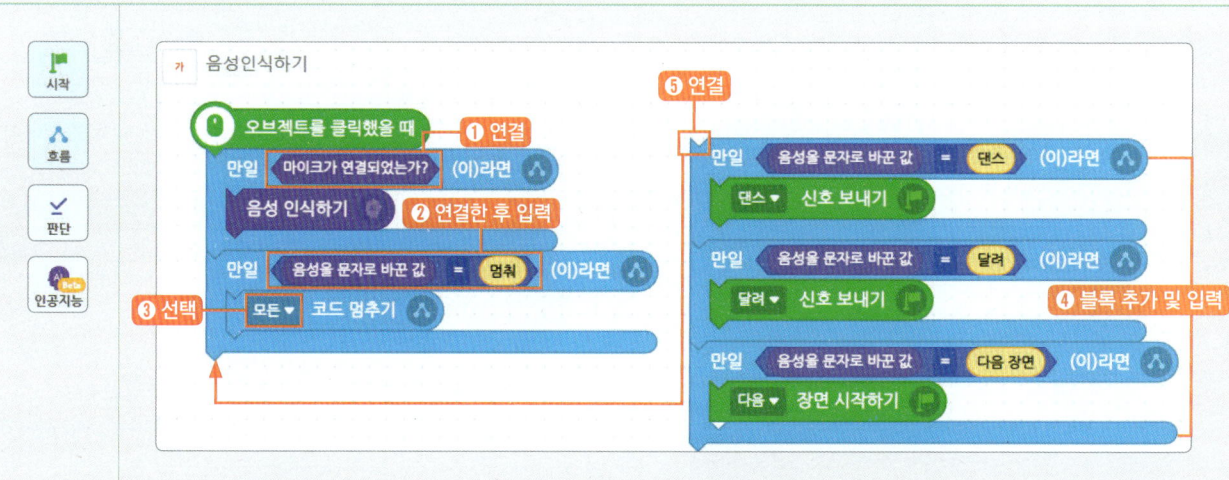

❺ [장면 2]에도 '음성인식하기' 오브젝트를 복사하기 위해서 '음성인식하기' 오브젝트에서 마우스 오른쪽 단추를 눌러 [복사하기]를 선택합니다.

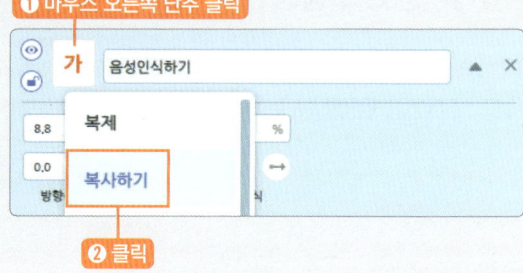

❻ [장면 2]를 선택하고 '[묶음] 힘쎈 새우' 오브젝트에서 마우스 오른쪽 단추를 눌러 [붙여넣기]를 선택합니다.

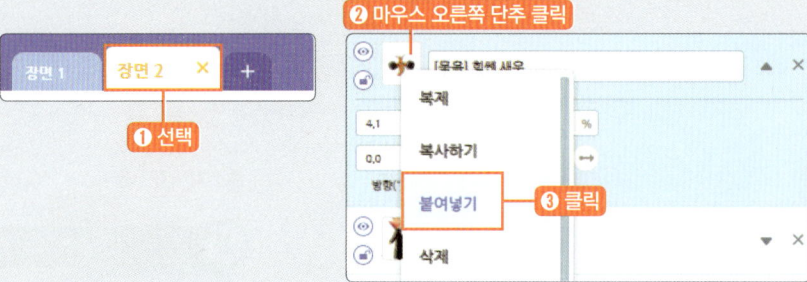

❼ '음성인식하기1' 오브젝트를 선택하고 다음과 같이 블록 코드를 수정하여 봅니다.
   – [장면이 시작되었을 때] 블록 코드로 수정을 합니다.

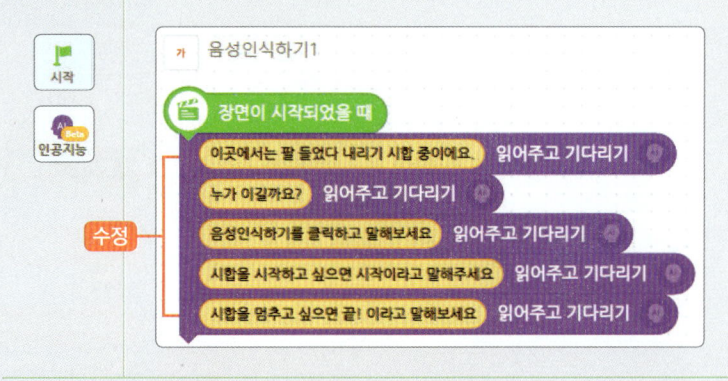

❽ 이어서 '음성인식하기1' 오브젝트의 음성을 판단하는 블록 코드를 수정하여 봅니다.
   – [판단] 블록 코드는 다음과 같이 수정하고 필요 없는 블록은 삭제합니다.

03 오브젝트 동작 만들기

❶ [장면 1]을 선택하고 '타이거마스크', '뛰는 사람(3)' 오브젝트를 선택하고 다음과 같이 블록 코드를 완성하여 봅니다.

타이거마스크
- ❶ 선택: 댄스▼ 신호를 받았을 때
- 계속 반복하기
  - ❷ 선택: 타이거마스크_2▼ 모양으로 바꾸기
  - 0.2 초 기다리기 ❸ 입력
  - 타이거마스크_3▼ 모양으로 바꾸기
  - 0.2 초 기다리기 ❹ 입력
- 시작하기 버튼을 클릭했을 때
  - 타이거마스크_1▼ 모양으로 바꾸기 ❺ 선택
- 멈춰▼ 신호를 받았을 때
  - 모든▼ 코드 멈추기 ❻ 선택

뛰는 사람(3) 블록 16개
- ❶ 선택: 달려▼ 신호를 받았을 때
- 계속 반복하기
  - 뛰는 사람(3)_2▼ 모양으로 바꾸기
  - 0.2 초 기다리기
  - 뛰는 사람(3)_3▼ 모양으로 바꾸기
  - 0.2 초 기다리기 ❸ 입력
  - 뛰는 사람(3)_4▼ 모양으로 바꾸기 ❷ 선택
  - 0.2 초 기다리기
- 시작하기 버튼을 클릭했을 때
  - 뛰는 사람(3)_1▼ 모양으로 바꾸기 ❹ 선택
- 멈춰▼ 신호를 받았을 때
  - 모든▼ 코드 멈추기 ❺ 선택

❷ [장면 2]를 선택하고 [묶음] 힘쎈 새우', '흡혈귀', '프랑켄슈타인' 오브젝트를 선택하고 다음과 같이 블록 코드를 완성하여 봅니다.

※ 각 오브젝트가 같은 동작을 반복한다면 블록 코드를 복사하여 활용하세요.

[묶음] 힘쎈 새우
- ❶ 선택: 시작▼ 신호를 받았을 때
- 계속 반복하기
  - 힘쎈 새우_2▼ 모양으로 바꾸기 ❷ 선택
  - 0.2 초 기다리기 ❸ 입력
  - 힘쎈 새우_1▼ 모양으로 바꾸기
  - 0.2 초 기다리기
- 장면이 시작되었을 때
  - 힘쎈 새우_1▼ 모양으로 바꾸기 ❹ 선택

[그림: 흡혈귀 오브젝트 블록 코드 - 시작 신호를 받았을 때 / 계속 반복하기 / 흡혈귀_2 모양으로 바꾸기 / 0.2초 기다리기 / 흡혈귀_1 모양으로 바꾸기 / 0.2초 기다리기, 장면이 시작되었을 때 / 흡혈귀_1 모양으로 바꾸기 — ❺ 블록 추가 및 선택]

[그림: 프랑켄슈타인 오브젝트 블록 코드 - 시작 신호를 받았을 때 / 계속 반복하기 / 프랑켄슈타인_2 모양으로 바꾸기 / 0.2초 기다리기 / 프랑켄슈타인_1 모양으로 바꾸기 / 0.2초 기다리기, 장면이 시작되었을 때 / 프랑켄슈타인_1 모양으로 바꾸기 — ❻ 블록 추가 및 선택]

04 ▸ 실행하고 음성인식 확인하기

❶ [장면 1]에서 ▶시작하기 단추를 클릭합니다.

❷ '음성인식하기' 오브젝트를 클릭한 후 마이크에 명령을 말하고 동작이 되는지 확인합니다. 마이크 사용 권한 요청이 나오면 <허용> 단추를 클릭합니다.

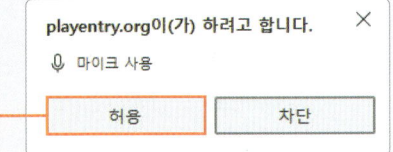

※ AI 음성이 우리의 목소리를 잘 인식하려면 "듣고 있어요" 라는 그림이나왔을 때 바로 말하지 말고 조금 기다리면 파도가 밀려나오듯 가운데 진한 초록색에서 바깥쪽으로 연한 연두색 파장이 밀려나올 때가 보여요. 그때 마이크에 대고 정확한 발음으로 말을 하는 거예요.

CHAPTER 08 문제해결능력 상상에 코딩을 더해서

■ 불러올 파일 : [08장]-8장 상상 코딩.ent   ■ 완성된 파일 : 8장 상상 코딩_완성.ent

▶ **더하기 스토리** : 파일을 열고 음성인식을 더 만들어 보세요.

꼭 오브젝트가 움직일 필요는 없어요. 나와라 하면 나타나고 사라져라 하면 사라지게 할 수도 있는 거잖아요. 이야기는 여러분이 만들기에 따라 풍성해질 수 있어요.

01 신호를 만들고 음성명령으로 오브젝트가 나타나도록 만들어 보세요.

[문제 해결을 위한 블록]

CHAPTER 09 — 메두사와 눈을 마주치면 안돼

■ 불러올 파일 : [09장]-메두사.ent   ■ 완성된 파일 : 메두사_완성.ent

AI처럼 생각해 보기

– 준비물 : 연필

- 다음 이미지를 보고 문제에 맞는 이미지 번호를 써봅니다.

이미지 번호

1	2	3
4	5	6
7	8	9
10	11	12

❶ 가로등이 있는 이미지를 찾아보고 번호를 써보세요.

❷ 이동 수단을 타고 있는 이미지를 찾아보고 번호를 써보세요.

이런걸 배워요! — 비디오 감지에 대해 알아보기!

- AI 인공지능 블록의 비디오 감지로 사람을 인식할 수 있습니다.
- 사람을 인식하느냐에 따라 읽어주기와 모양이 변한다는 것을 알 수 있습니다.
- 배경을 숨기고 비디오를 인식할 수 있습니다.

▲ 미리보기 : 9일차_완성.ent

▶ 스토리

메두사와 눈이 마주치면 눈이 마주쳤다는 신호를 보내고, 눈을 감으면 다시 난쟁이로 돌아오라는 신호를 보낼거에요.

01 신호 만들기

❶ [불러올 파일]-[09장]에서 '메두사.ent' 파일을 불러온 다음 [속성] 탭에서 [신호]-<신호 추가하기> 단추를 클릭하고 '마주침', '돌아옴' 신호를 작성합니다.

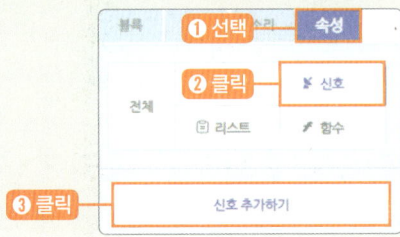
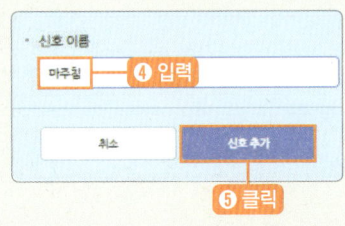

02 눈 만들기

❶ 눈동자는 2개가 필요해요. 하나는 뜨고 있는 "뜬 눈", 감고 있는 "감은 눈" 그리고 그 눈동자들은 계속해서 모양이 바뀔꺼에요. 그래서 하나를 더 추가하기 위해 복제를 할거에요.

❷ [+ 오브젝트 추가하기]를 클릭 후 [오브젝트 선택]-[사람]-'눈'을 선택하고 <추가하기> 단추를 클릭합니다.

CHAPTER 09 메두사와 눈을 마주치면 안돼

❸ '눈' 오브젝트에서 마우스 오른쪽 단추를 눌러 [복제]를 선택하고 '눈' 오브젝트를 다음과 같이 배치합니다.

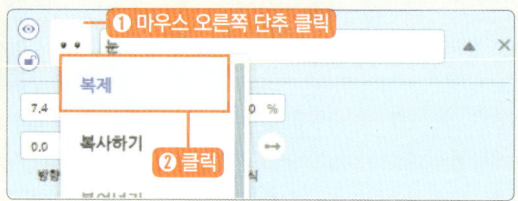

❹ '눈', '눈1' 오브젝트의 이름을 각각 '감은 눈', '뜬 눈'으로 변경합니다.

❺ '뜬 눈' 오브젝트를 선택하고 [모양]에서 감은 눈을 모두 삭제하고 <저장하기> 단추를 누릅니다.
(눈_07, 눈_08, 눈_10 삭제)

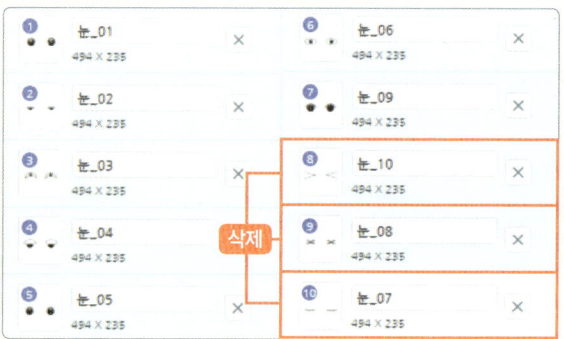

❻ 같은 방법으로 '감은 눈' 오브젝트는 뜬눈을 모두 삭제합니다.(눈_07, 눈_08, 눈_10 빼고 나머지 삭제)

03 '뜬 눈', '감은 눈' 오브젝트에 코드 입력

❶ 눈동자들이 계속해서 다음 모양으로 바뀌도록 만들고 '뜬 눈'은 메두사와 눈을 마주쳤으므로 신호를 보내도록 하는 블록 코드를 완성하여 봅니다.

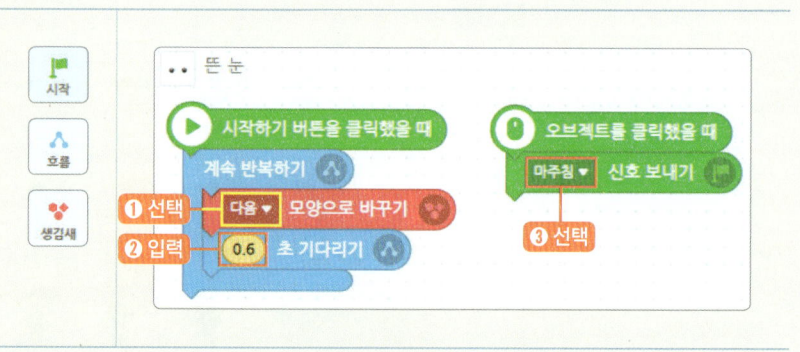

❷ 같은 방법으로 '감은 눈' 오브젝트에 다음과 같이 블록 코드를 완성하여 봅니다.

※ '뜬 눈' 오브젝트의 블록 코드를 복사하여 만들어 봅니다.

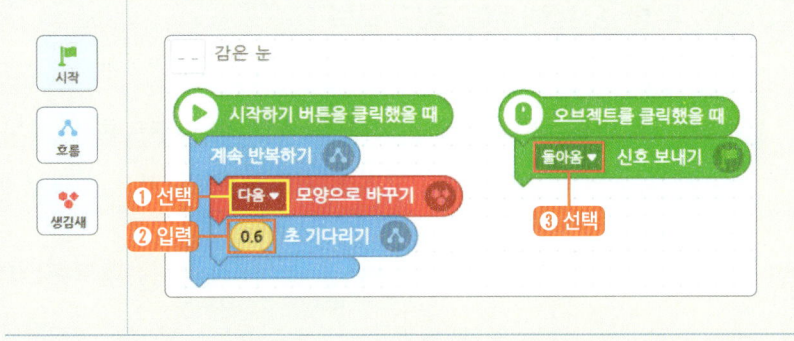

04 '메두사(2)', '난쟁이(2)' 오브젝트에 코드 입력

❶ [인공지능] 블록 꾸러미-[인공지능 블록 불러오기]를 클릭합니다. 이어서, '읽어주기', '비디오 감지-얼굴 인식'을 선택하고 <불러오기> 단추를 클릭한 후 '메두사(2)' 오브젝트가 무섭게 말을 하도록 다음과 같이 블록 코드를 완성하여 봅니다.

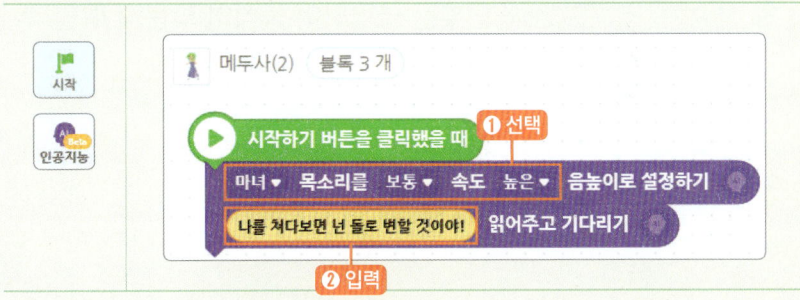

❷ '난쟁이(2)' 오브젝트를 클릭하고 다음과 같이 블록 코드를 완성하여 봅니다.
  – 처음엔 귀여운 난쟁이 모습으로 시작합니다.
  – '뜬 눈'을 클릭하면 돌로 변하고 '감은 눈'을 클릭하면 다시 난쟁이 모습으로 돌아옵니다.

CHAPTER 09 메두사와 눈을 마주치면 안돼 067

05 '무덤' 오브젝트에 코드 입력

❶ '무덤' 오브젝트를 클릭하고 다음과 같이 블록 코드를 완성하여 봅니다.
- 배경화면이 있으면 비디오가 감지되지 않습니다. 그래서 눈을 떴을 땐 비디오가 보이도록 배경을 투명하게 만들어줍니다.
- 눈을 감았을 땐 비디오를 꺼주면서 다시 배경을 보여줍니다.

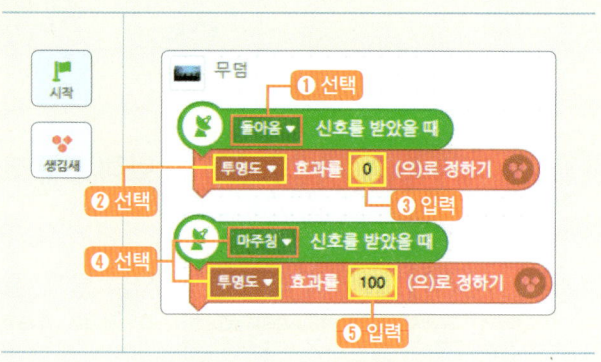

❷ ▶시작하기 단추를 클릭하여 동작이 되는지 확인 후 저장을 합니다.

※ 카메라 사용 권한 요청이 나오면 <허용> 단추를 클릭합니다.

CHAPTER 09 상상에 코딩을 더해서

■ 불러올 파일 : [09장]-9장 상상 코딩.ent   ■ 완성된 파일 : 9장 상상 코딩_완성.ent

▶ **더하기 스토리1** : 메두사와 눈이 마주치거나 마주치지 않았을 때 다른 모양이 되도록 오브젝트의 모양을 변경해 보아요.

01 '난쟁이(2)' 오브젝트의 [모양]을 추가해서 블록 코드를 완성해보세요.

■ 메두사와 마주쳤을 때 난쟁이의 모양을 변경해보세요. 그리고 읽어주기 대사도 변경해 보세요.

▶ **더하기 스토리2** : 다음 장면을 추가해서 이야기를 더 만들어 보세요.

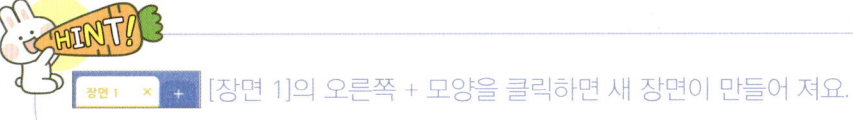

[장면 1]의 오른쪽 + 모양을 클릭하면 새 장면이 만들어 져요.

CHAPTER 10 어느 방향으로 갈까?

■ 불러올 파일 : [10장]-어느 방향으로 갈까.ent   ■ 완성된 파일 : 어느 방향으로 갈까_완성.ent

AI처럼 생각해 보기

– 준비물 : 연필

● 사과가 레몬을 찾아가는 방법이 두 가지가 있습니다. 첫 번째 이동하는 칸의 수와 두 번째 이동하는 칸의 수를 써보세요. 그리고 레몬을 만날 수 있는 가장 빠른 길을 필기도구로 그려보세요.

※ 사과는 흰색 칸으로만 이동이 가능합니다. 이동하는 칸의 수는 사과를 기준으로 시작합니다.

첫 번째 찾아가는 칸의 수		두 번째 찾아가는 칸의 수	

이런 건 배워요! 텍스트 분류에 대해 알아보기!

- AI 인공지능 블록의 텍스트 분류를 이해하고 적용합니다.
- 엔트리의 행동이 텍스트 분류에 따라 달라지는 것을 확인합니다.

▲ 미리보기 : 10일차_완성.ent

▶ 스토리

엔트리가 공원을 산책하고 있어요. 내가 AI 인공지능 블록의 텍스트로 학습한 방향을 말하면 말한 방향으로 걸어 갈 거예요.

01 AI에게 텍스트 학습하기

❶ [오프라인 작품 불러오기]-[10장]에서 '어느 방향으로 갈까.ent' 파일을 불러옵니다.

❷ 블록 꾸러미를 선택하고 [인공지능 모델 학습하기]-[분류: 텍스트]를 클릭한 후 <학습하기> 단추를 클릭합니다.

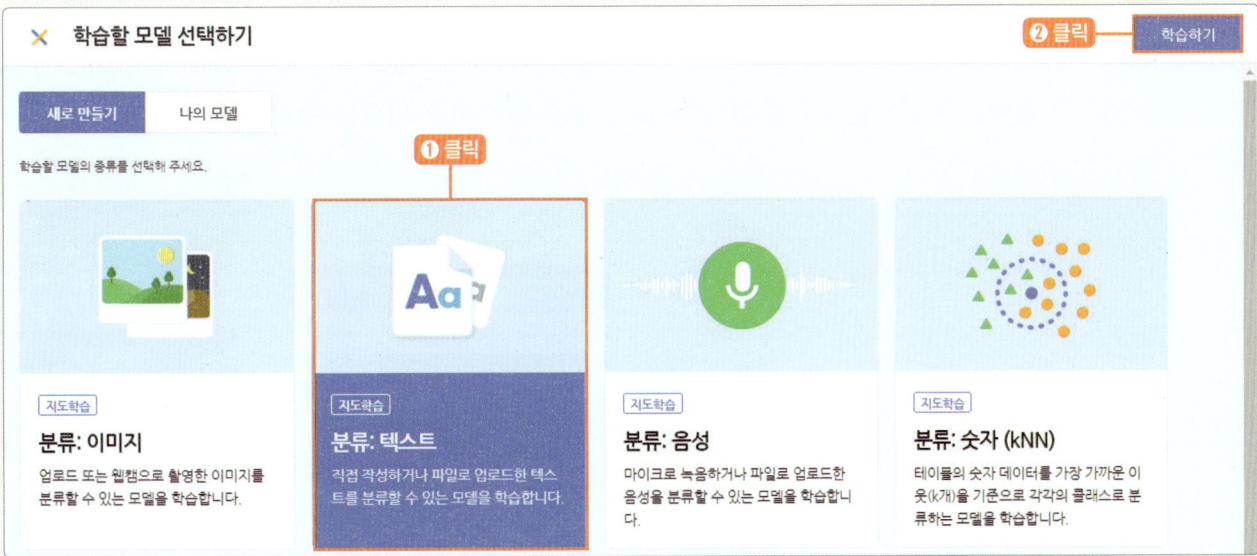

❸ [텍스트 모델 학습하기]에서 학습주제는 '방향'으로 입력합니다.

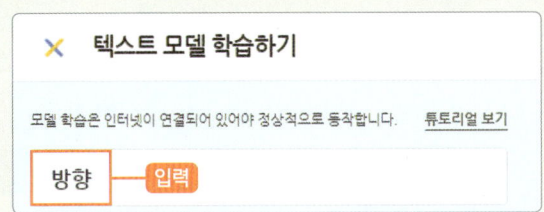

④ 클래스는 총 4개로 '앞으로 걷기', '뒤로 걷기', '오른쪽 걷기', '왼쪽으로 걷기'를 입력합니다.
- 클래스를 추가하려면 ➕ 클래스 추가하기
- 분류에 해당하는 데이터는 최소 5개 이상 입력합니다.
  (예를 들어 앞으로 걷기와 관련 된 단어 : 앞, 앞쪽, 직진 등)

⑤ 클래스 내용은 다음과 같이 합니다.

⑥ 분류 데이터 입력이 완료되면 <모델 학습하기> 단추를 클릭하고 학습을 완료합니다.

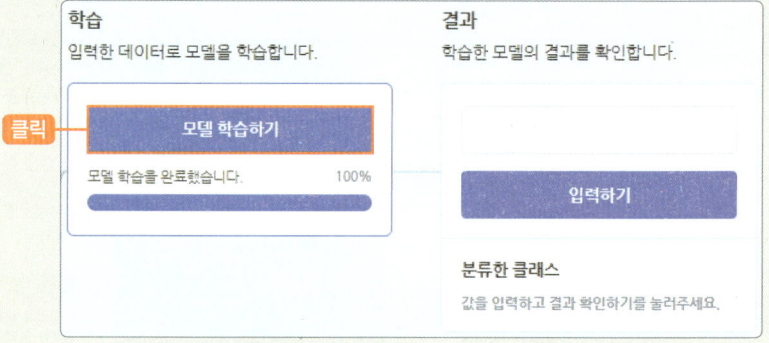

⑦ 학습한 결과를 확인하기 위해서 단어를 입력하고 <입력하기> 단추를 클릭하고 결과를 확인합니다. 이어서, <입력하기> 단추를 클릭합니다.

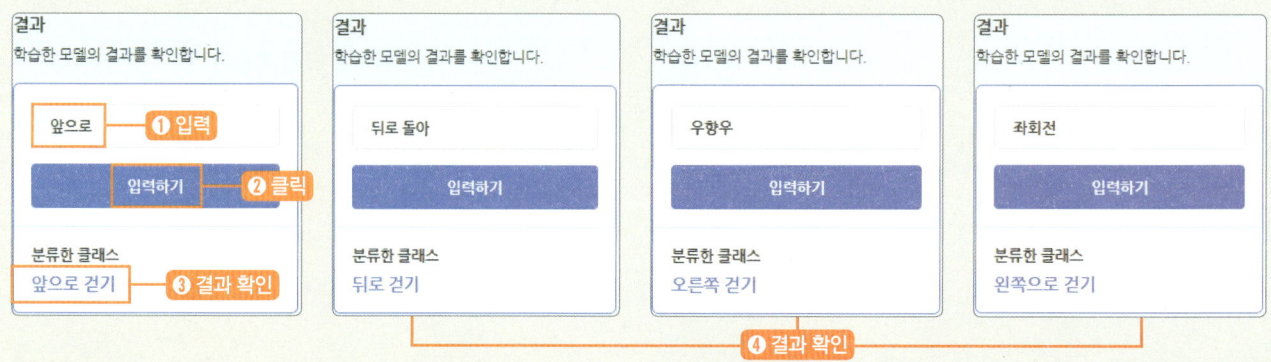

❽ 인공지능 모델 학습하기가 완료되면 새로운 블록 코드가 생성이 되고 분류 결과 목록을 확인합니다.

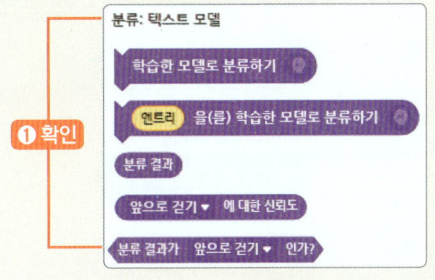
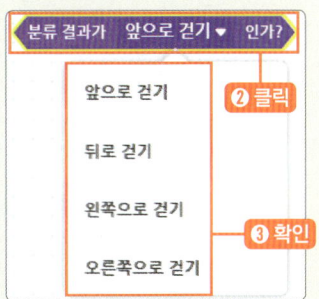

02 텍스트에 따른 동작 만들기

❶ [속성] 탭에서 [신호]-<신호 추가하기> 단추를 클릭하고 '앞으로', '뒤로', '왼쪽', '오른쪽' 신호를 작성합니다.

❷ [인공지능] 블록 꾸러미-[인공지능 블록 불러오기]를 클릭한 후 '읽어주기'를 선택하고 <불러오기> 단추를 클릭합니다. 이어서, '(2)엔트리봇' 오브젝트를 클릭하고 다음과 같이 블록 코드를 완성하여 봅니다.

TIP
엔트리봇을 클릭하면 [묻고 대답 기다리기] 블록 코드가 실행되어 움직일 방향을 문자로 입력하면 학습한 모델로 분류를 해서 클래스를 판단하게 됩니다.

❸ 만들어진 블록 코드에서 [만일 ~라면]에서 마우스 오른쪽 단추를 클릭하고 [코드 복사 & 붙여넣기]를 클릭하고 아래쪽에 연결합니다. 이어서, '뒤로 걷기'와 '뒤로'를 각각 선택합니다.
나머지 블록도 같은 방법으로 수정을 합니다.

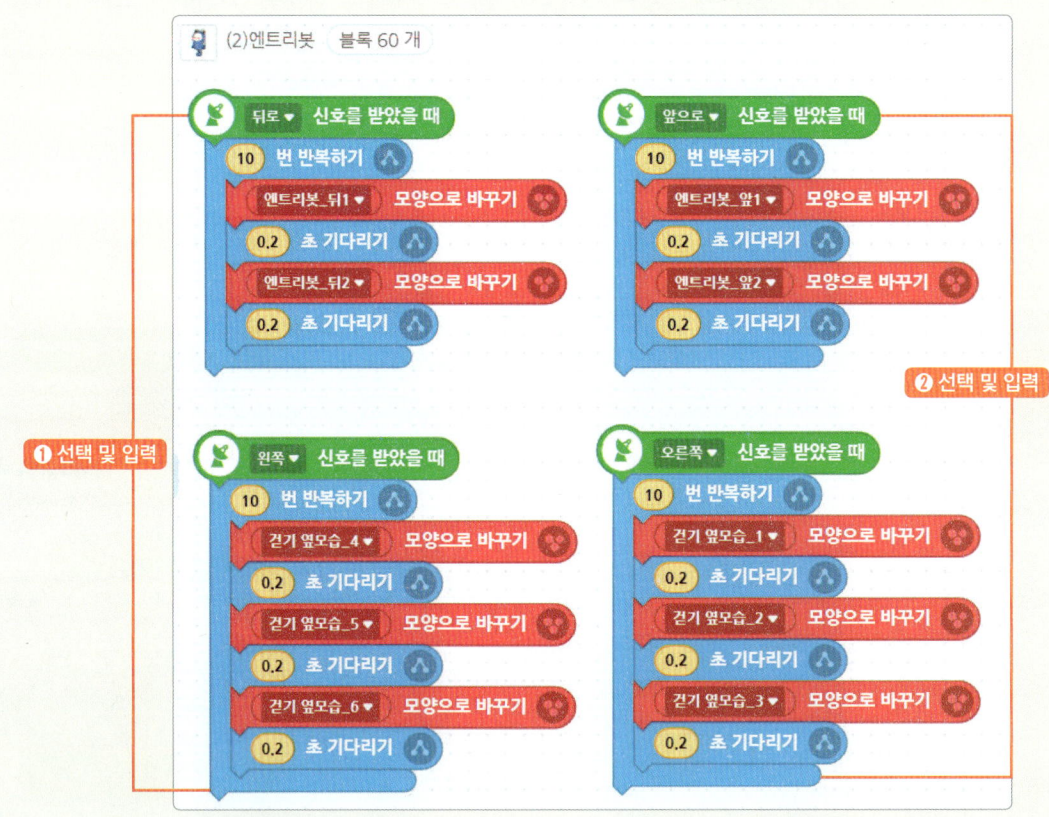

❹ '(2)엔트리봇' 오브젝트가 신호를 받으면 동작하는 모습으로 블록 코드를 완성하여 봅니다.

❺ ▶시작하기 단추를 클릭하고 명령을 입력하면 동작이 되는지 확인 후 저장을 합니다.

CHAPTER 10 상상에 코딩을 더해서

■ 불러올 파일 : [10장]-10장 상상 코딩.ent   ■ 완성된 파일 : 10장 상상 코딩_완성.ent

▶ **더하기 스토리** : 모델 학습을 추가해 보세요.

01 원주민을 클릭해서 명령을 입력하면 동작이 되도록 만들어 보세요.

■ 분류 텍스트를 추가해서 만들어봅니다.

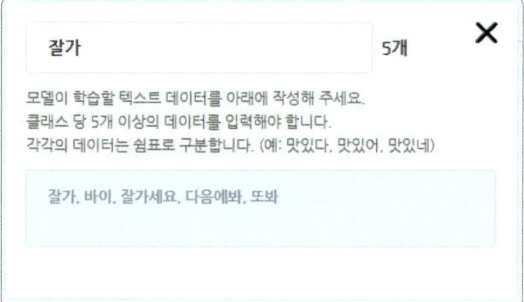

▶ 블록 코드

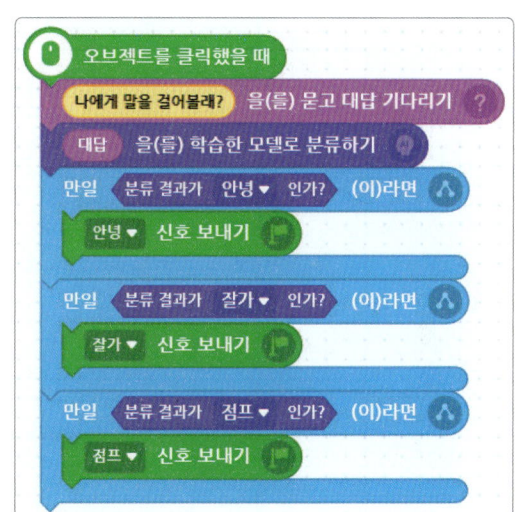

CHAPTER 11 - 오늘의 날씨가 어떤지 말로 표현해봐

■ 불러올 파일 : [11장]-오늘의 날씨.ent ■ 완성된 파일 : 오늘의 날씨_완성.ent

AI처럼 생각해 보기

- 준비물 : 연필

● 동물들이 선을 따라 움직일 때 도착 지점까지 진행 방향을 화살표로 그려보세요. 한 칸에 이동 방향을 나타내는 화살표를 그려줍니다.

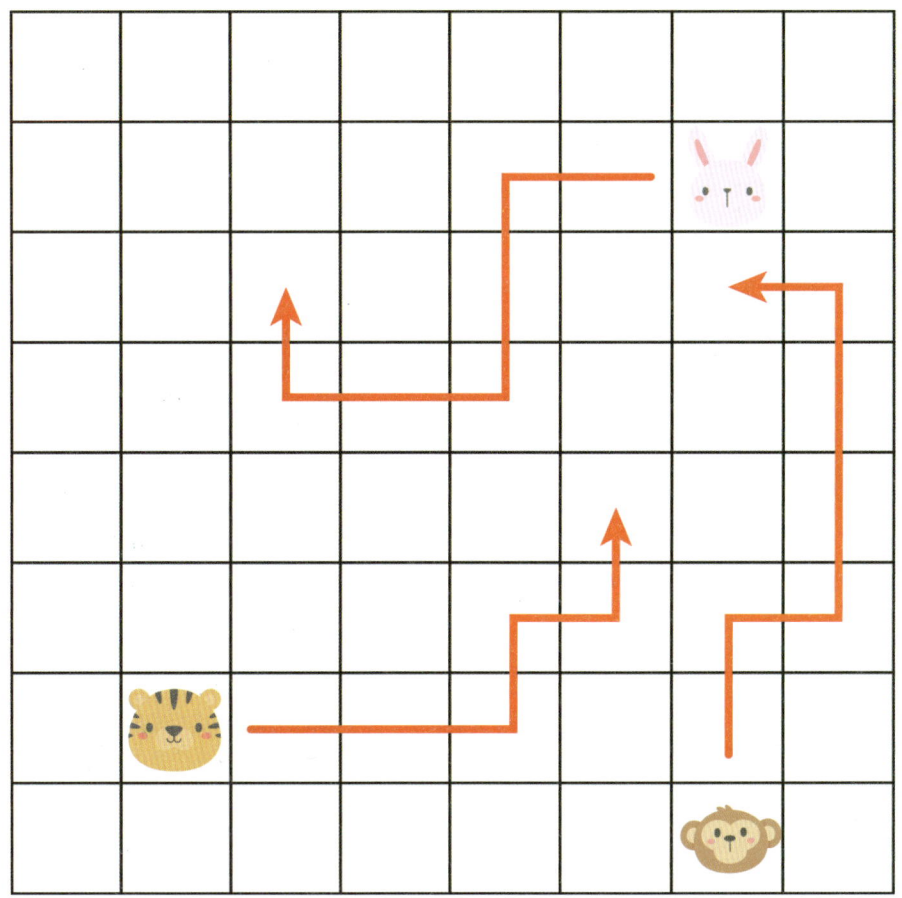

호랑이	→	→	↑	→	↑
토끼					
원숭이					

이런걸 배워요! — 텍스트 분류에 대해 알아보기!

- AI 인공지능 블록에서 텍스트 분류 기능을 사용합니다.
- 다중으로 신호를 보내고 받을 수 기능을 사용하는 방법을 알아봅니다.

▲ 미리보기 : 11일차_완성.ent

▶ 스토리

엔트리봇의 질문에 따라 날씨를 입력하면 AI가 학습된 텍스트에 따라 배경과 엔트리봇의 모양이 바뀌는지 확인해 볼게요.

01 엔트리 파일 불러오기

❶ 엔트리에서 불러오기(▤)-[오프라인 작품 불러오기]를 클릭하고 [불러올 파일]-[11장]에서 '오늘의 날씨.ent' 파일을 불러옵니다.

❷ [모양] 탭을 선택하고 [모양 추가하기]를 클릭한 다음 아래 그림과 같이 오브젝트를 추가하고 이름과 크기를 변경하여 배치하여 봅니다. 이어서, '(3)엔트리봇_정면'을 클릭하고 <저장하기> 단추를 클릭합니다.
(오브젝트 : (3)엔트리봇_정면, 슬픈 옆모습_1, 우산 쓴 옆모습)

02 신호 만들기

❶ 입력된 텍스트 분류에 따라 날씨 신호를 주고 받기 위해서 [속성] 탭-[신호]를 클릭하고 <신호 추가하기> 단추를 클릭해서 다음과 같이 신호를 만들어 줍니다.

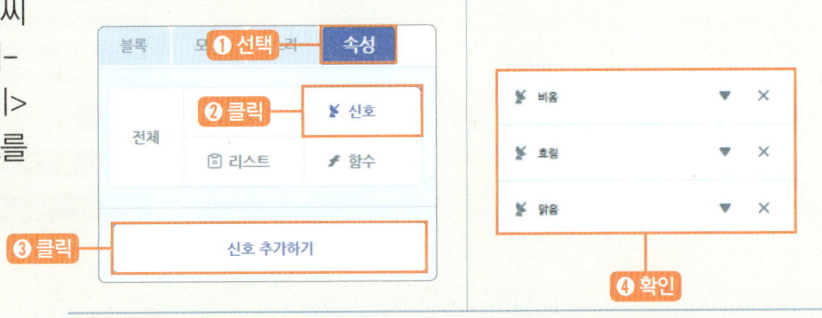

CHAPTER 11 오늘의 날씨가 어떤지 말로 표현해봐

03 인공지능 모델 학습하기

1. [블록] 탭을 선택하고 [인공지능] 블록 꾸러미를 선택 후 [인공지능 모델 학습하기]-[분류: 텍스트]를 클릭한 후 <학습하기> 단추를 클릭합니다.

2. [텍스트 모델 학습하기]에서 학습주제는 '날씨'로 입력하고, 데이터 입력은 아래와 같이 합니다.
   - 클래스는 총 3개이고, 클래스 제목은 '맑음', '흐림', '비옴'으로 입력합니다.
   - 클래스를 추가하려면 ➕ 클래스 추가하기 합니다.

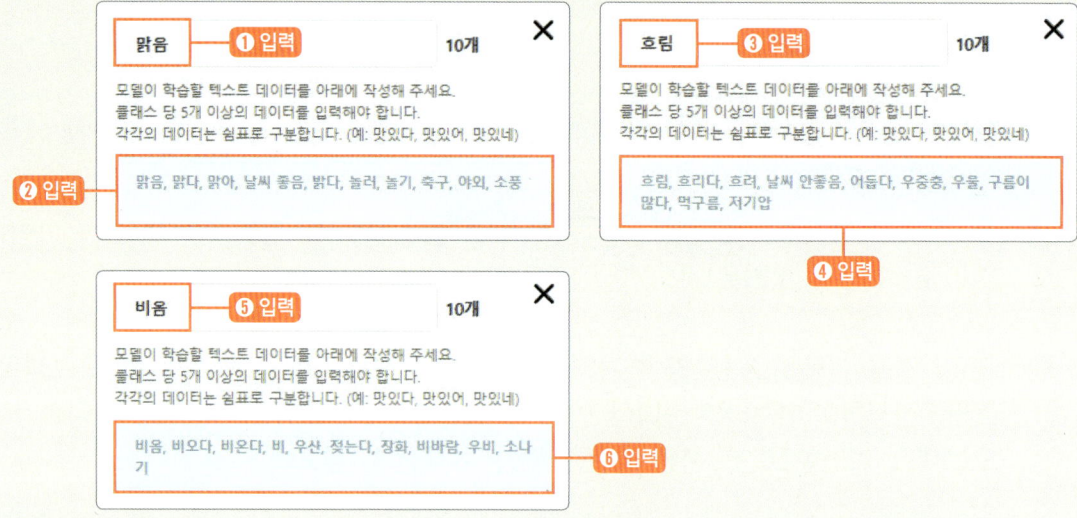

3. 클래스 데이터 입력이 완료되면 모델 학습하기와 결과를 확인하고 <입력하기> 단추를 클릭하여 완료합니다.

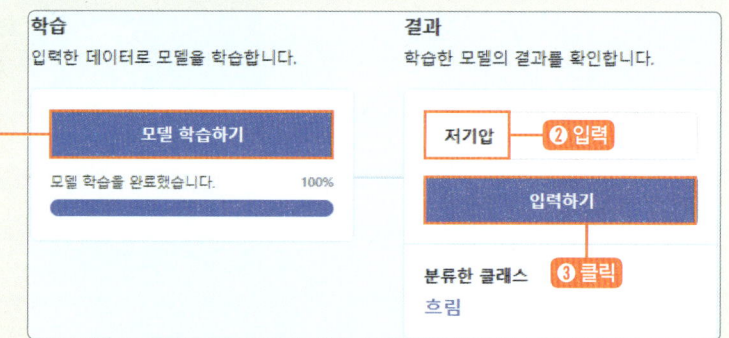

4. 인공지능 모델 학습하기가 완료되면 새로운 블록 코드가 생성이 되었는지 확인합니다.

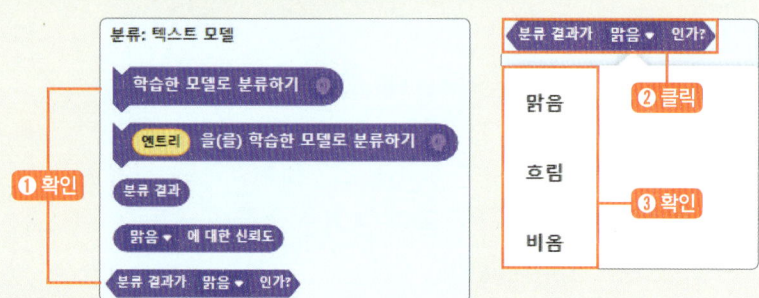

04 블록 코드 입력하기

❶ [인공지능] 블록 꾸러미-[인공지능 블록 불러오기]를 클릭한 후 '읽어주기'를 선택하고 <불러오기> 단추를 클릭합니다. 이어서, '(3)엔트리봇' 오브젝트를 선택하고 다음과 같이 블록 코드를 완성하여 봅니다.

- 인공지능 블록의 읽어주고 기다리기와 신호보내기 사용
  (맑음-'맑은 날씨구나', 흐림-'흐린 날씨구나', 비옴-'흐린 날씨구나')
- 입력된 신호를 받았을 때 엔트리봇 모양 바꾸기
  (맑음-'(3)엔트리봇_정면', 흐림-'슬픈 옆모습_1', 비옴-'우산 쓴 옆모습')

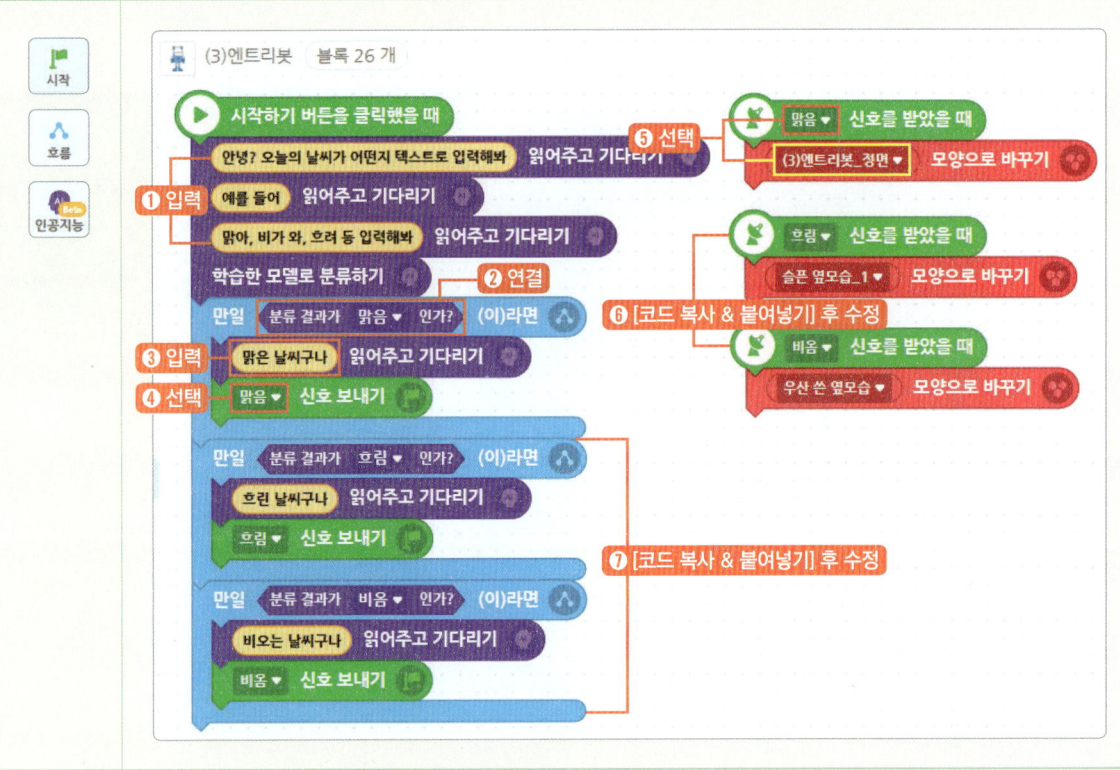

❷ '날씨' 오브젝트를 선택하고 다음과 같이 블록코드를 완성하여 봅니다.

❸ ▶시작하기 단추를 클릭하고, [학습한 모델로 분류하기 블록]을 사용한 데이터 입력창이 나타나면, 텍스트를 입력하여 아래와 같이 배경과 엔트리봇 모양이 바뀌는지 확인합니다.

❹ 완성된 파일을 저장하기( )-[저장하기]를 클릭합니다.

CHAPTER 11 문제해결능력 상상에 코딩을 더해서

■ 불러올 파일 : [11장]-11장 상상 코딩.ent   ■ 완성된 파일 : 11장 상상 코딩_완성.ent

▶ **더하기 스토리** : 눈이 오는 날씨를 추가하고 처음으로 돌아가 재시작 해볼까요?

01 엔트리에서 불러오기()-[오프라인 작품 불러오기]를 클릭하고 [불러올 파일]-[11장]에서 '11장 상상 코딩.ent' 파일을 불러옵니다.

02 이어서, '(3)엔트리봇', '날씨' 오브젝트의 모양 탭에서 [모양 추가하기] 단추를 눌러 그림과 같이 오브젝트를 추가하여 봅니다.

(오브젝트 : '눈오는 날_1', '겨울 이모티콘')

03 [텍스트 모델 학습하기]에서 기존 날씨 텍스트 모델에 클래스를 추가하여 데이터를 입력해봅니다. 이어서, '눈옴' 신호를 추가합니다.

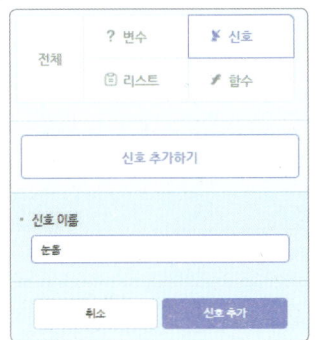
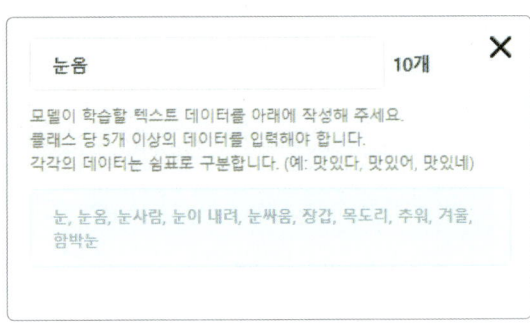

04 <처음부터 다시 실행하기> 블록을 사용하여 처음으로 돌아가 재시작할 수 있도록 해봅니다.

CHAPTER 12 자동차키를 찾아줘. 신나는 드라이브를 떠나자

■ 불러올 파일 : [12장]-AI이미지학습_자동차키.ent   ■ 완성된 파일 : AI이미지학습_자동차키_완성.ent

AI처럼 생각해 보기

– 준비물 : 연필, 색연필

- 노란색 자동차가 출발지점에서 도착지점까지 운전하는 방식을 순서대로 번호로 써봅니다.

❶ 전진 ↑

❷ 좌회전

❸ 우회전

번호 입력	

이런건 배워요! → 이미지 모델 학습하기 알아보기!

- 이미지 모델 학습하기 기능을 사용합니다.
- 학습한 이미지에 따라서 소리 재생과 신호를 보내는 방법을 알아봅니다.

▲ 미리보기 : 12일차_완성.ent

▶ 스토리

자동차키를 찾아주세요. 맞지 않은 키를 가져다 대면 빵빵~ 틀렸다고 경적소리를 내고, 맞는 키를 가져다 대면 사람이 차를 타고 부웅~ 신나는 드라이브를 떠날 수 있어요.

01 이미지 모델 학습하기

❶ 엔트리에서 불러오기( )-[오프라인 작품 불러오기]를 클릭하고 [불러올 파일]-[12장]에서 'AI이미지 학습_자동차키.ent' 파일을 불러옵니다.

❷ 먼저 AI에게 이미지 학습을 위해서 3개의 칸에는 가짜 열쇠를 그려줍니다. 그리고 1개의 칸에는 진짜 열쇠를 그려봅니다.

※ 외곽선이 진해야 이미지를 잘 인식하니 흐리게 그리지 말고 선을 굵게 그리고 비슷하지 않고 확실히 다르게 4개의 열쇠를 그려 보세요. 그리기 카드는 교재 뒷 부분에 있습니다.)

❸ 블록 꾸러미를 선택하고 [인공지능 모델 학습하기]-[분류: 이미지]를 클릭한 후 <학습하기> 단추를 클릭합니다.

❹ [이미지 모델 학습하기]에서 학습주제는 '자동차키'로 입력하고 클래스 이름은 '가짜열쇠1'을 입력합니다. 이어서, [촬영]을 선택하면 웹캠이 실행되면서 화면이 켜지게 됩니다.

❺ 촬영을 클릭해서 그린 이미지를 최소 5장 이상 찍어주세요.

❻ 클래스의 수는 총 4개로 '가짜열쇠1', '가짜열쇠2', '가짜열쇠3', '진짜열쇠'입니다.
– 클래스를 추가하려면 ＋클래스 추가하기 를 클릭합니다.

※ 카메라 사용 권한 요청이 나오면 <허용> 단추를 클릭합니다.

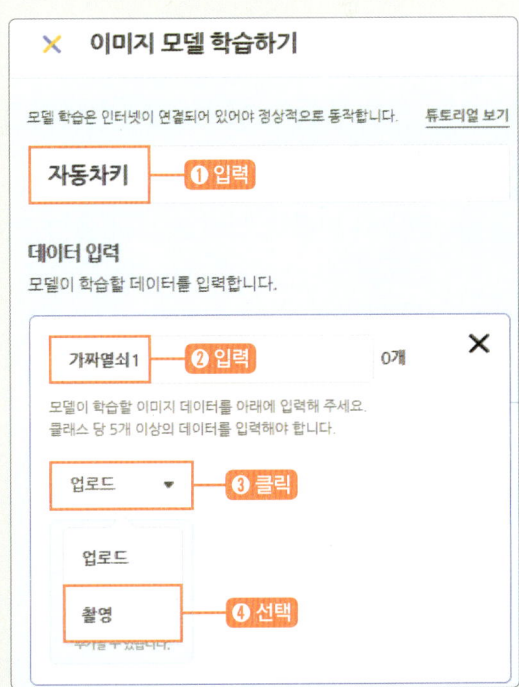

CHAPTER 12 자동차키를 찾아줘, 신나는 드라이브를 떠나자

❼ 다음과 같이 모든 이미지를 AI에게 학습 후 <모델 학습하기> 단추를 클릭하고 학습을 완료합니다.

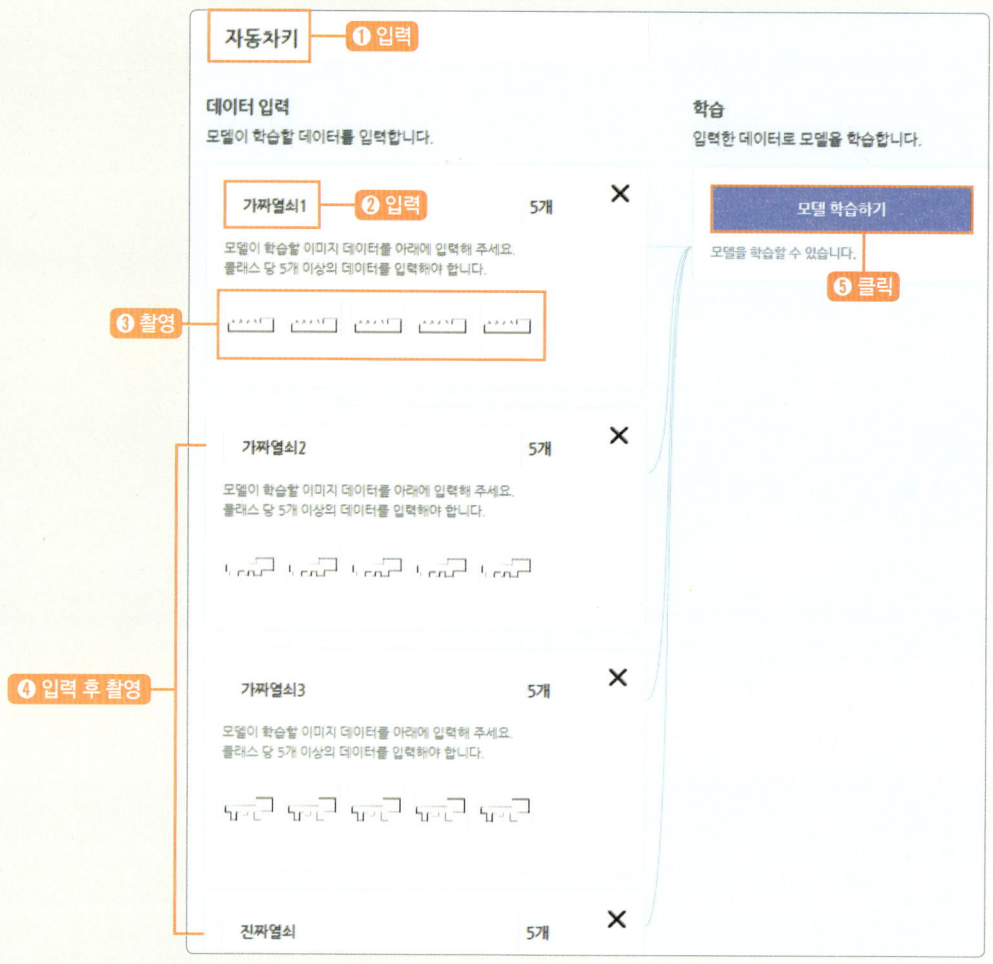

❽ 모든 학습이 완료되면 <적용하기> 단추를 클릭합니다.

02 신호 만들고 블록 코드 입력하기

❶ 이미지 분류에 따라 자동차 출발 신호를 주기 위해서 [속성] 탭-[신호]를 클릭하고 <신호 추가하기> 단추를 클릭해서 다음과 같이 신호를 만들어 줍니다.

❷ [인공지능] 블록 꾸러미-[인공지능 블록 불러오기]를 클릭합니다. 이어서, '읽어주기', '비디오 감지-사물 인식'을 선택하고 <불러오기> 단추를 클릭한 후 '안경쓴 학생(2)' 오브젝트를 선택하고 [블록] 탭을 클릭한 후 다음과 같이 블록코드를 완성하여 봅니다.

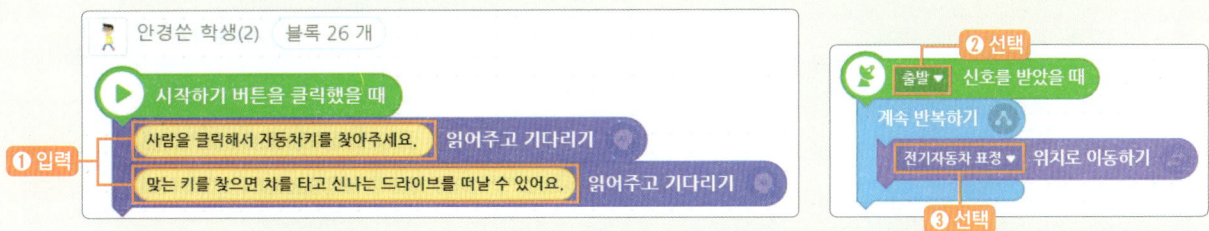

❸ '안경쓴 학생(2)' 오브젝트를 클릭했을 때 비디오 화면을 보이면서 학습한 모델을 판단하는 블록코드를 완성하여 봅니다.

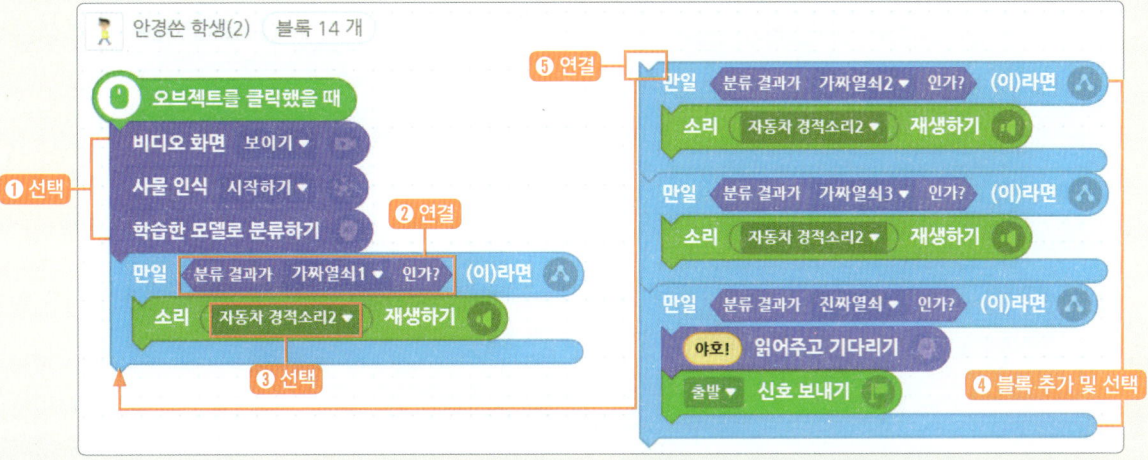

❹ '전기자동차 표정' 오브젝트는 자동차의 방향과 반대로 이동방향이 되어있습니다. 자동차의 방향을 바꿔줍니다.

TIP

이동방향을 마우스로 드래그해서 변경하거나 이동방향의 숫자를 270으로 입력하면 됩니다.

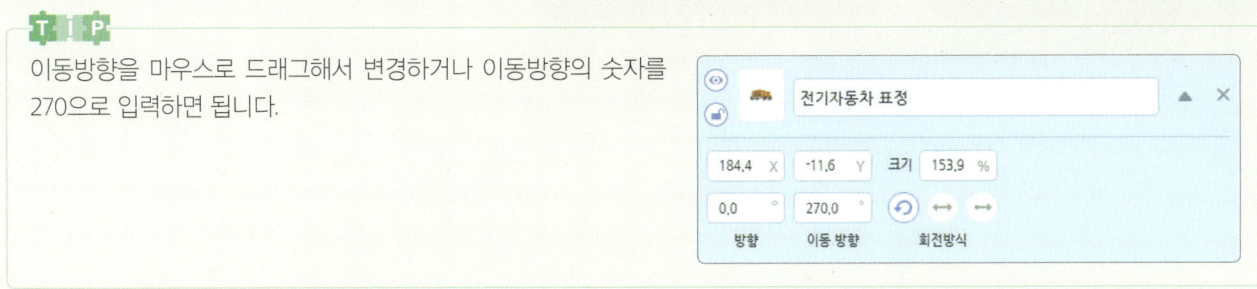

❺ '전기자동차 표정' 오브젝트를 선택하고 다음과 같이 블록코드를 완성하여 봅니다.
– 맞는 열쇠를 찾았을 때 자동차가 출발합니다.

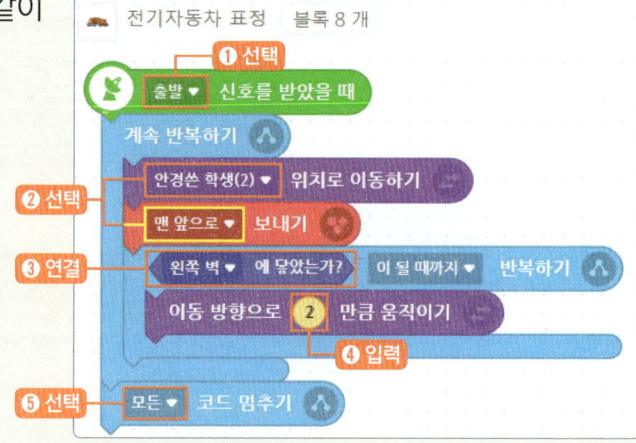

> **AI 깜짝 퀴즈**
>
> 1. 첫 번째 빈칸에는 자동차가 사람을 태운것처럼 보이기 위해 제일 앞으로 나와야 해요. 생김새 블록에서 한번 찾아보세요. (힌트 : 제일 앞)
>
> 2. 자동차가 출발하면 어디까지 가야할까요? 왼쪽벽? 오른쪽 벽? 위쪽 벽? 아래쪽 벽?
>   금방 답을 찾을 수 있을거에요.

❻ ▶시작하기 단추를 클릭하고 [데이터 입력] 대화상자가 열리면 '촬영'을 선택하고 카메라에 비춰서 진짜열쇠에 출발하는지 확인해보고 저장합니다.

> **TIP**
> 교재의 완성 파일은 [업로드]를 이용한 이미지 파일을 사용했습니다.

CHAPTER 12 문제해결능력 상상에 코딩을 더해서

■ 불러올 파일 : [12장]-12장 상상 코딩.ent   ■ 완성된 파일 : 12장 상상 코딩_완성.ent

▶ **더하기 스토리** : 자동차가 화면 끝에 닿으면 장면이 바뀌면서 다른 장면이 나타나도록 만들어 보세요.

01 엔트리에서 불러오기()-[오프라인 작품 불러오기]를 클릭하고 [불러올 파일]-[12장]에서 '12장 상상 코딩.ent' 파일을 불러옵니다.

02 [장면 1]에서 자동차가 화면 끝에 닿으면 다음 장면으로 이동하도록 만들어 봅니다.

- [장면 2] 추가합니다.
- 배경은 자유롭게 추가해 봅니다.

CHAPTER 13 지금이 어느 계절이게?

📁 **불러올 파일** : [13장]-AI_사계절_구분하기.ent   📁 **완성된 파일** : AI_사계절_구분하기_완성.ent

AI처럼 생각해 보기

– 준비물 : 연필, 색연필

- 아래 네모칸의 숫자를 이용하여 색을 표시했습니다. 색을 표시하지 않은 숫자의 네모칸을 칠 또는 표시하면서 전체 네모칸을 다 채워봅니다.

				3
4				
4		6		
				3
3				2

> **이런걸 배워요!** ─ 테이블 추가와 차트 만들기 알아보기!
> - 데이터분석에서 데이블을 추가하는 기능을 사용합니다.
> - 신호를 보내고 소리를 재생하는 방법을 알아봅니다.

▲ 미리보기 : 13일차_완성.ent

▶ 스토리

온도계를 클릭해 보세요. 우리나라는 봄, 여름, 가을, 겨울 사계절이 뚜렷한 나라에요. 북극, 남극, 사막 지역, 아프리카 등은 계절이 냉대, 열대 지역으로 계절이 사계절로 나눠지지 않는 나라도 있어요.

사계절마다의 다른 아름다움을 느낄 수 있는 우리나라가 자랑스럽죠? 그런데 큰일이에요. 요즘은 환경 오염 물질들 때문에 지구 전체가 온난화(온도가 높아지는 현상)로 우리 나라의 사계절까지 변하고 있는데요. 우리 친구들이 환경을 보호해서 지구를 지켜줘야겠지요?

01 테이블 추가하고 차트 만들기

❶ 엔트리에서 불러오기(▤)-[오프라인 작품 불러오기]를 클릭하고 [불러올 파일]-[13장]에서 'AI_사계절_구분하기.ent' 파일을 불러옵니다.

❷ '온도계' 오브젝트를 선택하고 다음과 같이 블록코드를 완성하여 봅니다.

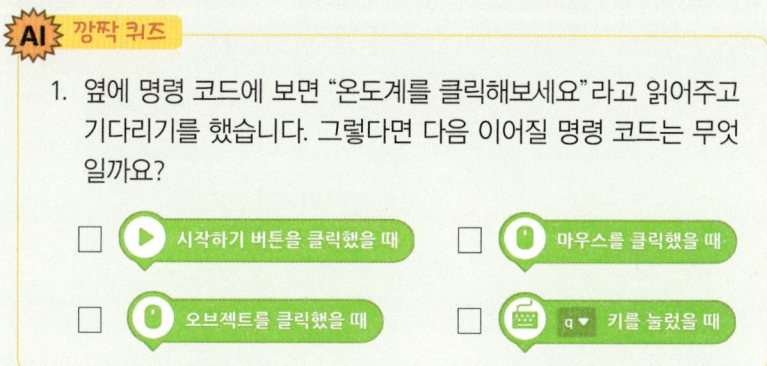

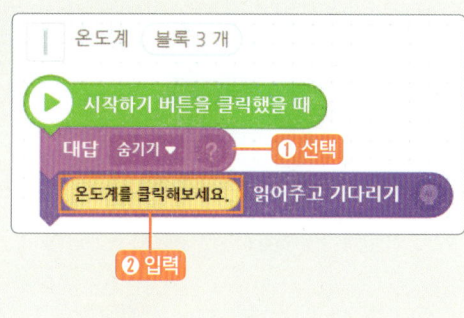

❸ 온도계를 클릭하라고 했기 때문에 온도계 오브젝트를 클릭했을 때로 시작합니다.

❹ AI 기능 중 숫자와 관련된 데이터를 학습시키려면 그전에 반드시 데이터 분석에서 데이터 테이블을 불러와야 합니다. [데이터분석]에서 [테이블 불러오기]를 클릭하고 [테이블 추가하기]를 클릭합니다.

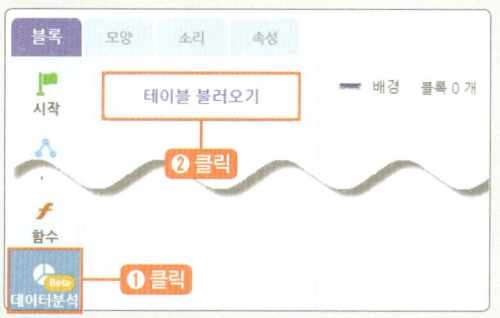

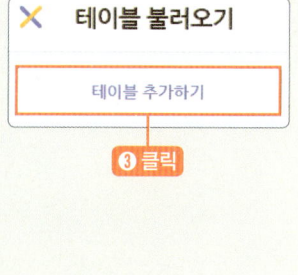

CHAPTER 13 지금이 어느 계절이게? **089**

❺ 테이블 선택에서 "계절별 기온"을 클릭하고 <추가하기> 단추를 클릭합니다.

❻ 추가한 테이블을 차트로 변경하고 '+' 단추를 눌러 막대 바 그래프를 선택하고 저장하여봅니다.

❼ 차트 이름은 '사계절 기온'을 입력하고 가로축 '연평균'을 선택하고 계열 '봄, 여름, 가을, 겨울'을 체크하고 <저장하기>-<확인> 단추를 클릭합니다. 이어서, <적용하기> 단추를 클릭합니다.

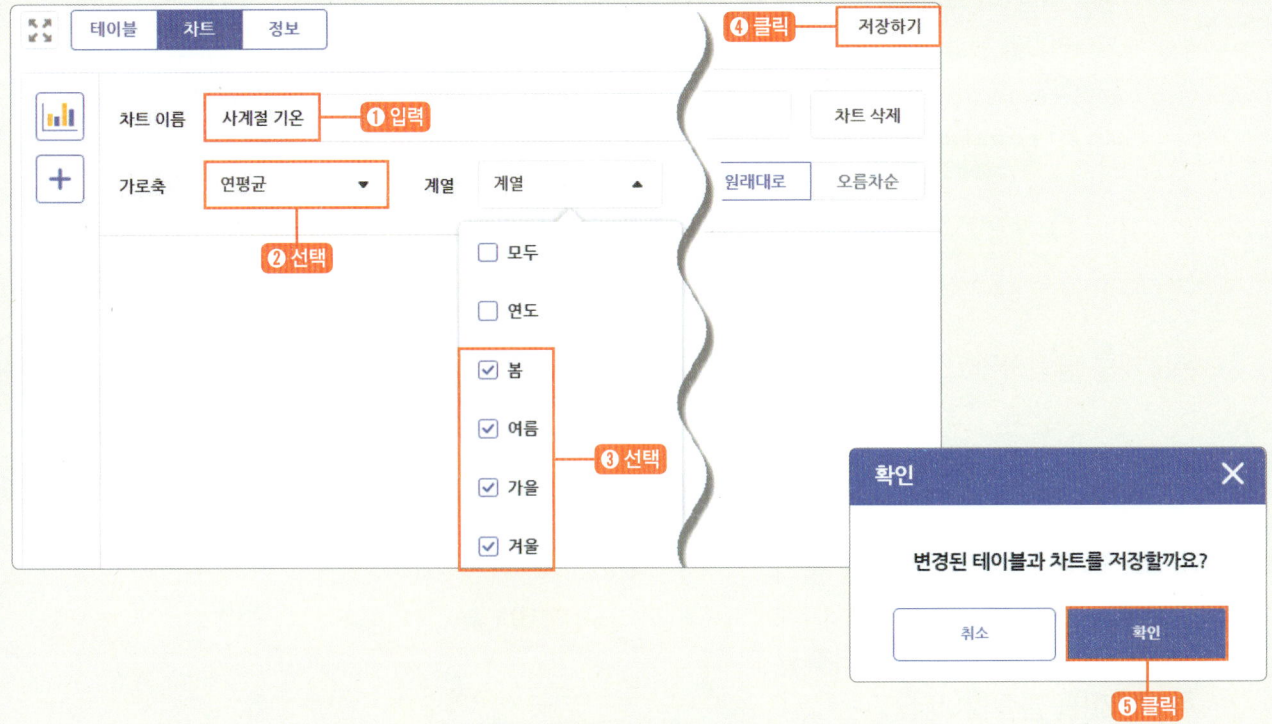

02 신호 만들고 오브젝트에 블록 코드 만들기

❶ 계절에 따라 신호를 주기 위해서 [속성] 탭-[신호]를 클릭하고 <신호 추가하기> 단추를 클릭해서 다음과 같이 신호를 만들어 줍니다.

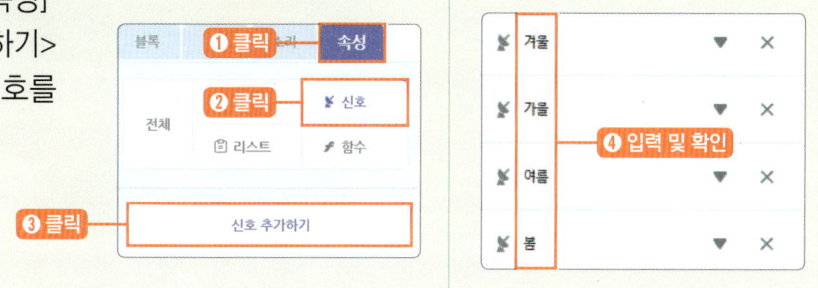

❷ '온도계' 오브젝트를 선택하고 [블록] 탭을 클릭한 후 다음과 같이 블록코드를 완성하여 봅니다.
위에서 테이블 학습한 결과 사계절 평균 온도는 봄은 "3보다 크거나 같고 5보다 작다", 여름은 "20보다 크고 26보다 작다", 가을은 "6보다 크고 19보다 작다", 겨울은 "-2보다 크고 2보다 작다" 사이였습니다.

★중요★ "크고" 라는 것은 "그리고" 와 같습니다.

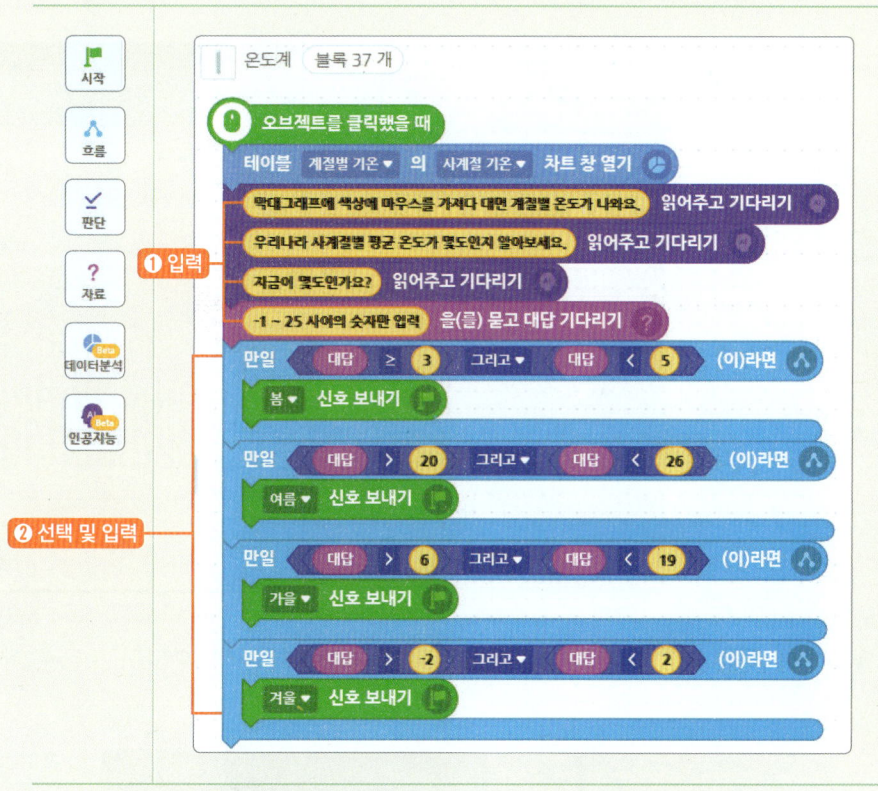

❸ '배경' 오브젝트를 선택하고 다음과 같이 블록코드를 완성하여 봅니다.

④ '엔트리봇' 오브젝트를 선택하고 소리를 추가한 후 다음과 같이 블록코드를 완성하여 봅니다.

⑤ ▶시작하기 단추를 클릭하고 온도계를 클릭하면 사계절 평균 온도의 차트를 보여줍니다. 이어서 궁금한 막대에 마우스를 가져다 대면 계절과 평균 온도가 나옵니다. 평균 온도를 기억하고 오른쪽 상단의 X표시로 차트 보기창을 종료합니다.

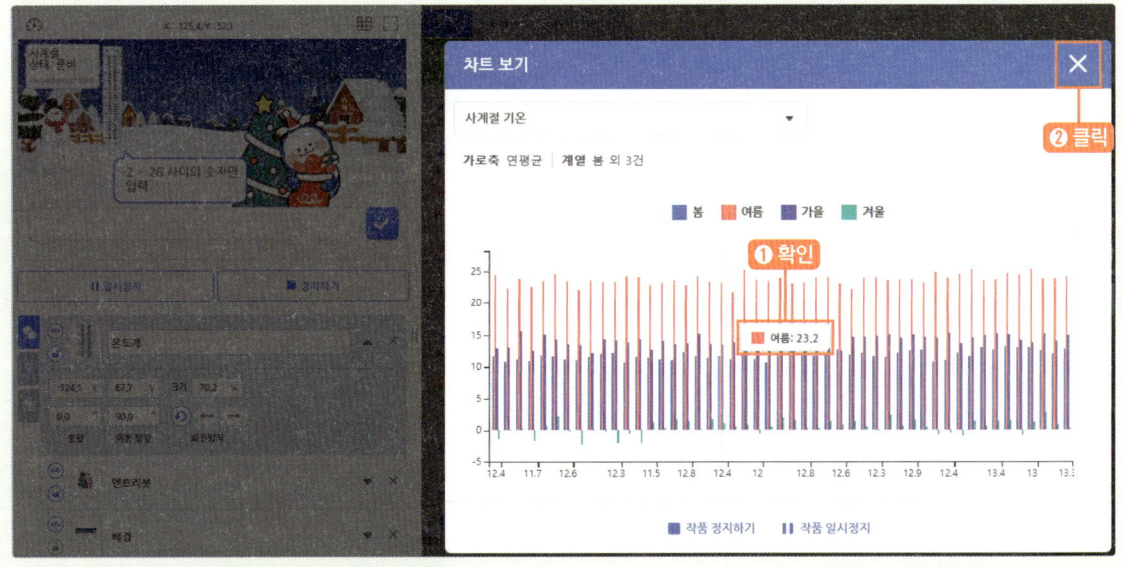

⑥ '평균 온도를 입력하고 ✓를 클릭하면 온도에 따른 계절이 선택되어 배경이 바뀌면서 나옵니다.

⑦ 동작을 확인하고 저장합니다.

 **상상에 코딩을 더해서**

📁 불러올 파일 : [13장]-13장 상상 코딩.ent   📁 완성된 파일 : 13장 상상 코딩_완성.ent

▶ **더하기 스토리** : 겨울 신호에서 흰눈 사이로~ ♩ ♪ ♬ 소리를 바꿔보세요.

■ 소리 추가하기 ①악기 → ②피아노 선택 후 음을 선택한 후 → ③추가하기를 클릭합니다.

■ 추천 악보로 몇 초 동안 재생하면 될지 코드를 입력해 보세요.

CHAPTER 13 지금이 어느 계절이게? **093**

CHAPTER 14

어린이날 선물은 몇 살까지 받을 수 있을까?

■ 불러올 파일 : [14장]-선물받기.ent   ■ 완성된 파일 : 선물받기_완성.ent

AI처럼 생각해 보기

- 준비물 : 연필

- 아래 네모칸에 동물들이 있습니다. 각 동물의 위치를 X축과 Y축의 값을 보고 써봅니다.

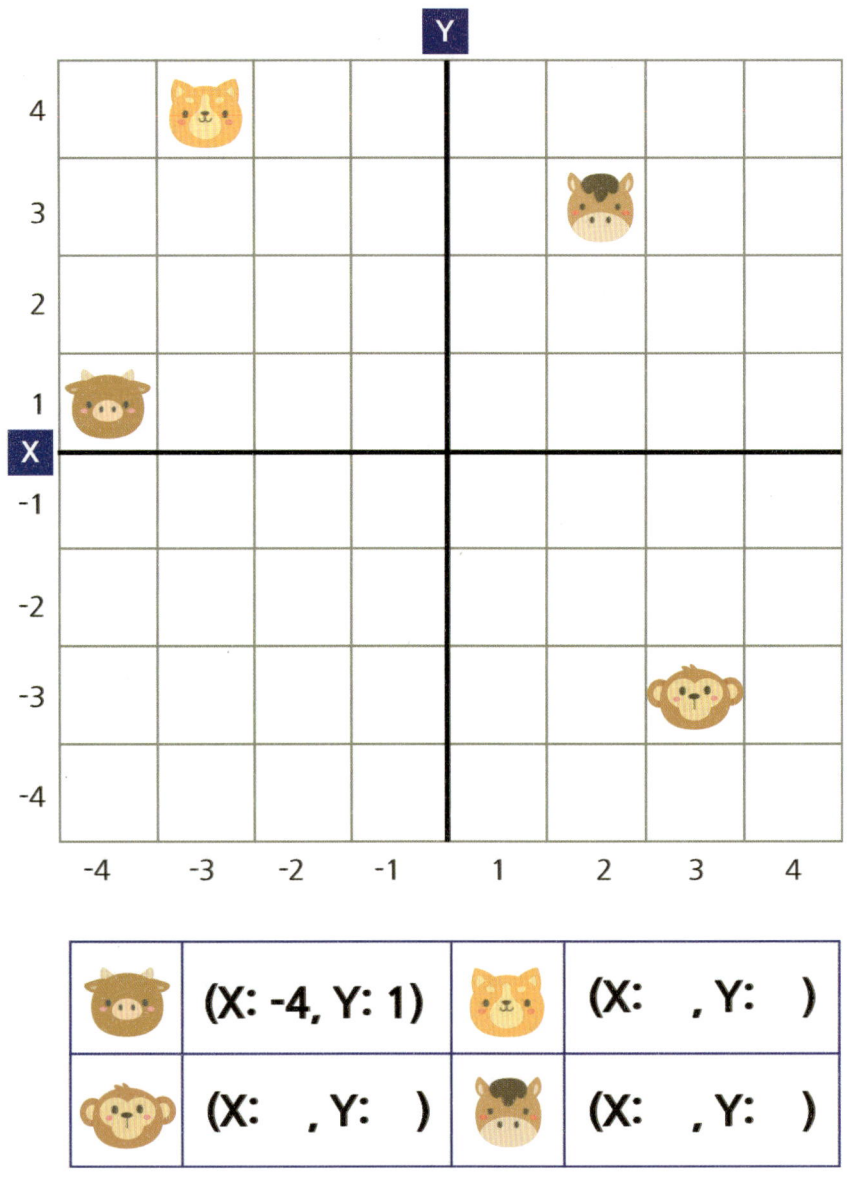

이런걸 배워요! 　인공지능 모델 학습하기에서 데이터 학습을 알아보기!

● 학습된 데이터를 종류에 따라 분류할 수 있다.

▲ 미리보기 : 14일차_완성.ent

▶ 스토리

몇 살까지 어린이날 선물을 받을 수 있을지 알아보아요. 선물을 클릭할 때마다 어린이날 선물을 받을 수 있는 나이인지 알려줄 거예요. 1살에서 19살까지 숫자만 입력해 보세요.

01 오브젝트에 블록 코드 입력하기

❶ 엔트리에서 불러오기( )-[오프라인 작품 불러오기]를 클릭하고 [불러올 파일]-[14장]에서 '선물받기.ent' 파일을 불러옵니다.

❷ 　블록 꾸러미를 선택하고 [인공지능 블록 불러오기]-[읽어주기]를 클릭한 후 <불러오기> 단추를 클릭합니다.

❸ '선물상자' 오브젝트를 선택하고 다음과 같이 블록코드를 완성하여 봅니다.
　- 　▶시작하기　 단추를 클릭하면 대답의 변수는 숨기기를 합니다.
　- 선물상자 모양으로 시작을 하며 읽어주기를 합니다.

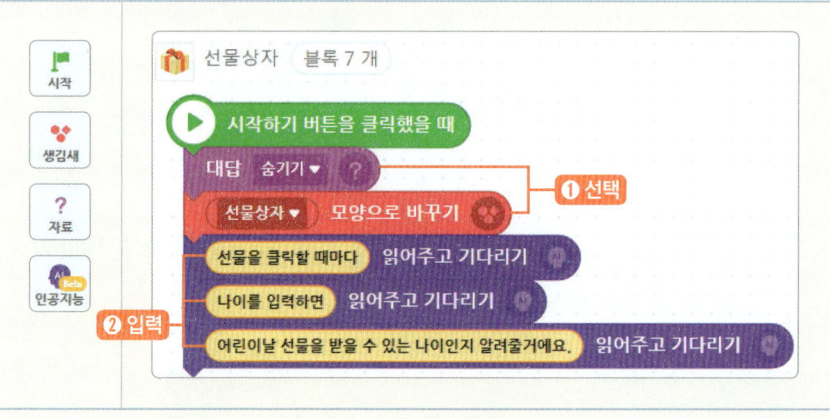

CHAPTER 14 어린이날 선물은 몇 살까지 받을 수 있을까?

02 테이블 추가하고 인공지능 모델 학습하기

❶ 데이터 분석( )에서 테이블 불러오기를 합니다. 이어서 [테이블 추가하기]-[파일 올리기]를 클릭하고 <파일 선택> 단추를 클릭합니다.

❷ [불러올 파일]-[14장]에서 '어린이날.xlsx' 파일을 클릭하고 <열기> 단추를 클릭합니다.

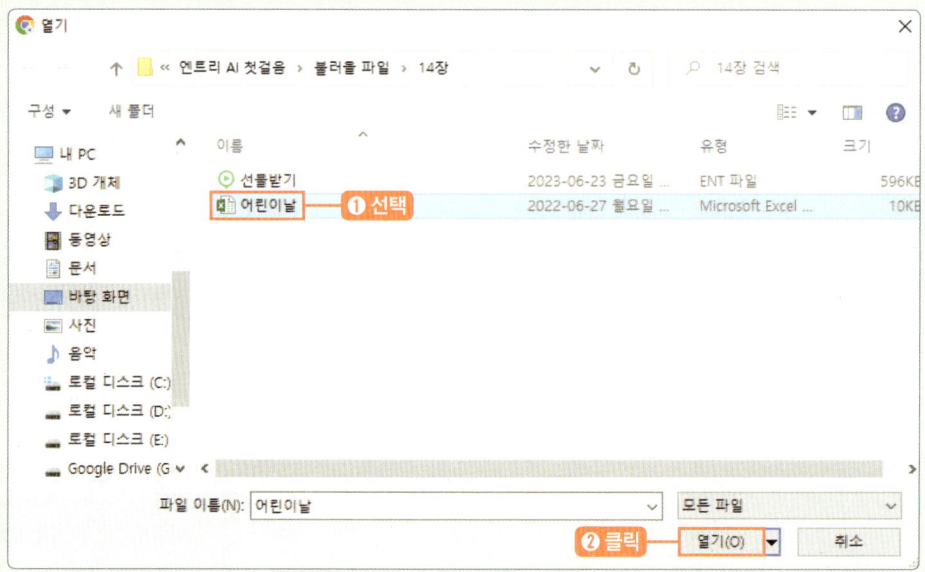

❸ '어린이날.xlsx' 파일이 추가된 부분을 확인하고 <추가하기> 단추를 클릭합니다. 이어서 <적용하기> 단추를 클릭합니다.

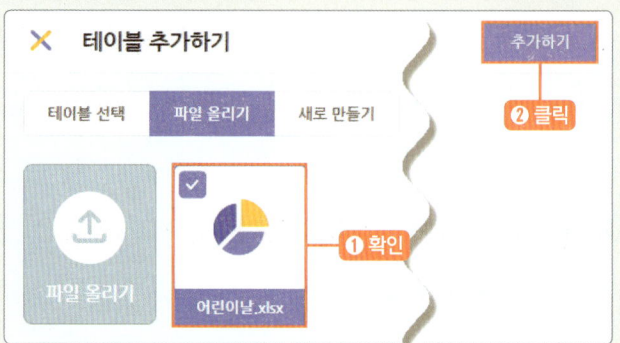 

❹ 블록 꾸러미를 선택하고 [인공지능 모델 학습하기]-[분류:숫자(kNN)]을 클릭한 후 <학습하기> 단추를 클릭합니다.

❺ 모델명 "어린이날"을 입력, '어린이날.xlsx' 파일을 클릭 후 [나이]를 클릭하면 핵심 속성으로 설정이 됩니다. 이어서 클래스 속성을 [구분]으로 선택합니다.

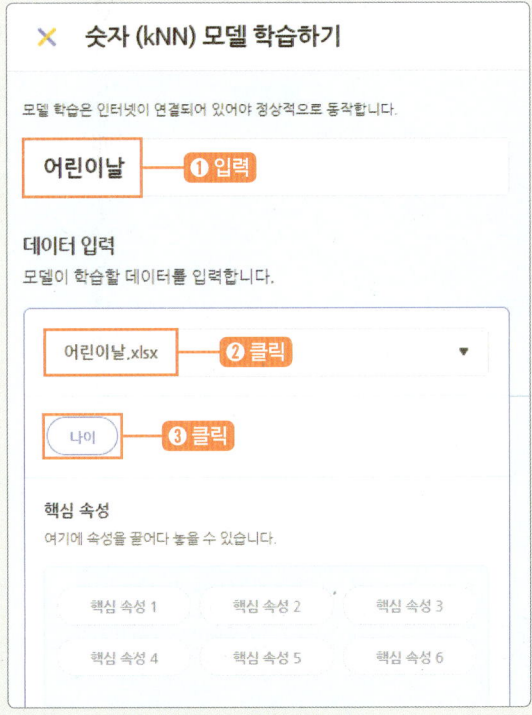
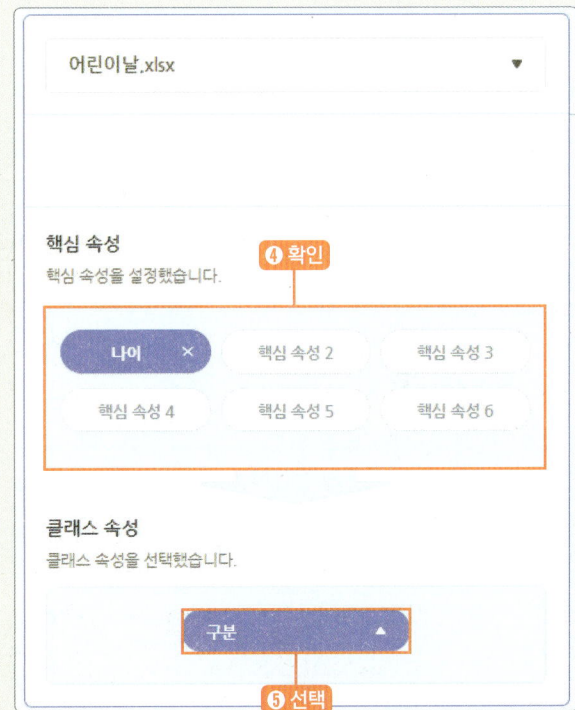

❻ [모델 학습하기]를 클릭하고 나이에 '4'를 입력 후 <입력하기> 단추를 클릭하면 분류 클래스 결과가 나타납니다. 이어서 <입력하기> 단추를 클릭합니다.
(예를 들어 나이 4를 입력하면 '어린이'로 분류된 클래스 결과가 나옵니다.)

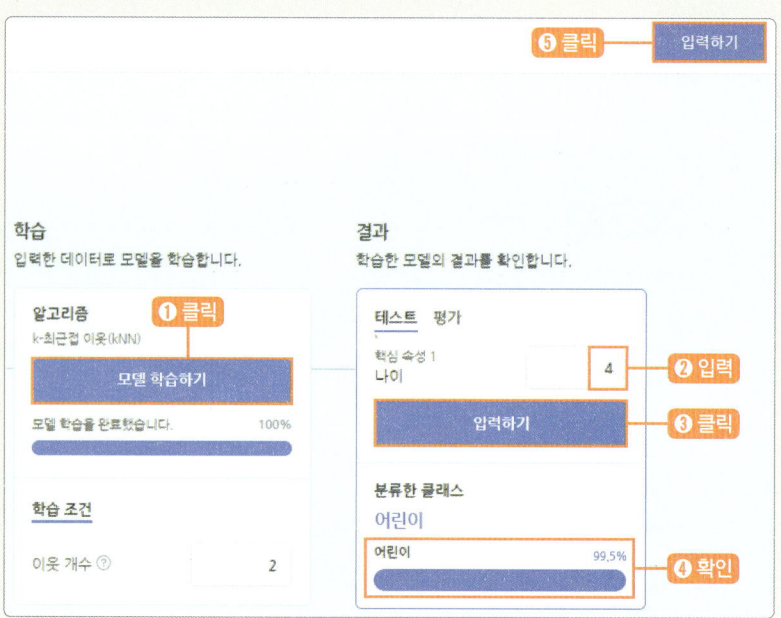

03 신호 만들고 오브젝트에 블록 코드 만들기

❶ 나이에 따른 신호를 주기 위해서 [속성]탭-[신호]를 클릭하고 <신호 추가하기> 단추를 클릭해서 다음과 같이 신호를 만들어 줍니다.

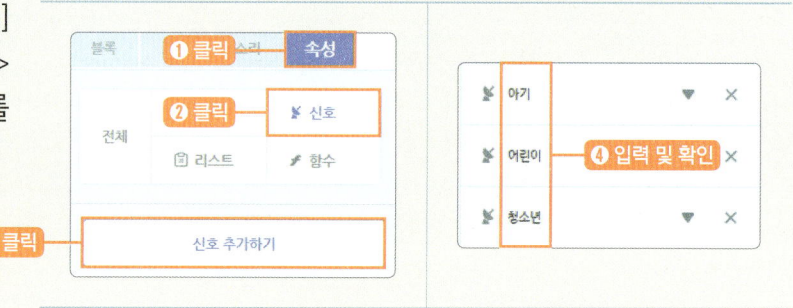

❷ '선물상자' 오브젝트를 클릭했을 때 나이에 따른 분류로 신호를 보내는 블록 코드를 완성하여 봅니다.

※ 선물상자를 클릭해서 분류 결과가 나온 다음 다시 클릭하면 오브젝트 결과가 나타나지 않습니다. 그래서 다른 오브젝트의 코드 멈추기 블록코드를 넣어서 분류를 확인 할 수 있습니다.

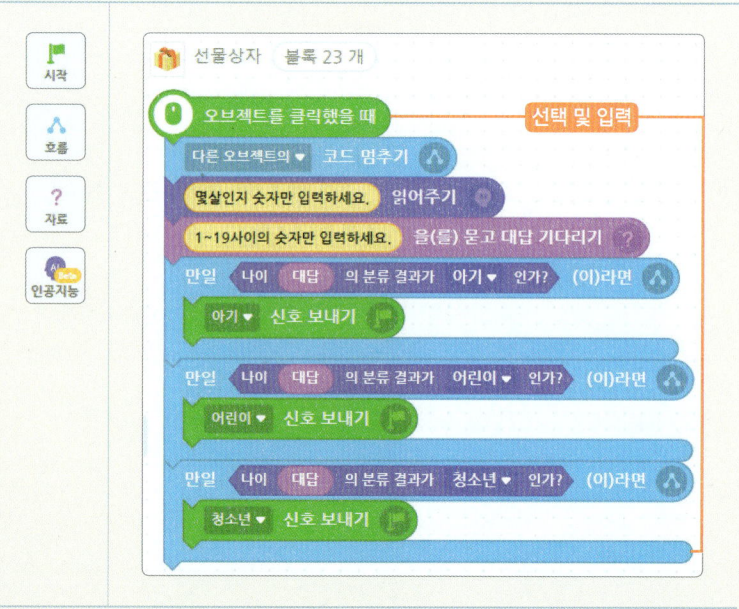

❸ '선물상자' 오브젝트는 신호를 받았을 때 선물을 보여주는 블록코드를 완성하여 봅니다.
- 나이에 따른 분류로 우유, 어린이날 선물, 책으로 모양을 변경합니다.

❹ '남자아이' 오브젝트에 다음과 같이 블록코드를 완성하여 봅니다.
- 나이에 따른 분류로 아기, 어린이, 청소년으로 모양을 변경합니다.

❺ 같은 방법으로 '여자아이' 오브젝트에 다음과 같이 블록코드를 완성하여 봅니다.

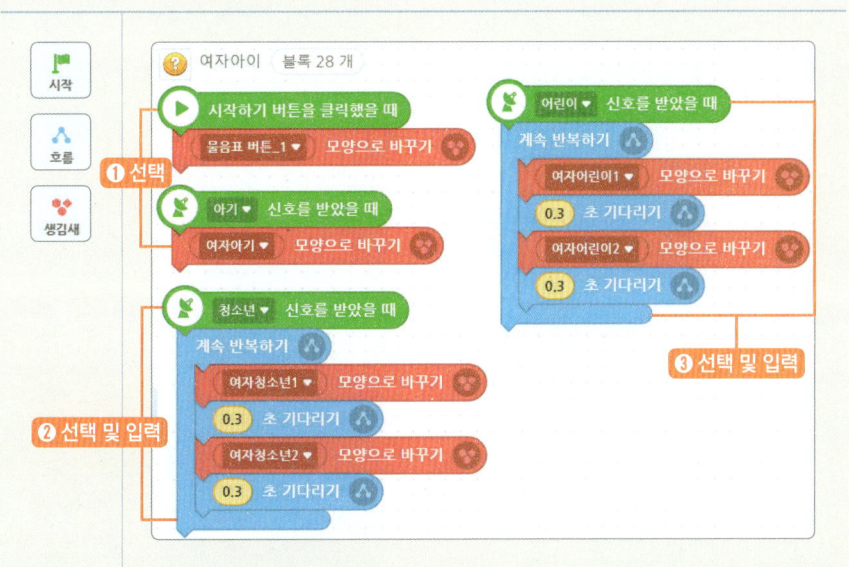

TIP
남자아이의 블록 코드를 복사하여 사용하면 편리합니다.

❻ '여자아이' 오브젝트에 추가로 읽어주기 블록코드를 추가합니다.

❼ ▶시작하기 단추를 클릭하고 읽어주기에 따라서 '선물상자' 오브젝트를 클릭하고 숫자를 입력해서 오브젝트가 바뀌는지 확인을 합니다.

CHAPTER 14  상상에 코딩을 더해서

■ 불러올 파일 : [14장]-14장 상상 코딩.ent   ■ 완성된 파일 : 14장 상상 코딩_완성.ent

▶ **더하기 스토리** : 어린이날 선물을 받았을 때 선물상자 속 선물이 어떤 것인지 보여주도록 만들어 보세요.

01 엔트리에서 불러오기( )-[오프라인 작품 불러오기]를 클릭하고 [불러올 파일]-[14장]에서 '14장 상상 코딩.ent' 파일을 불러옵니다.

02 선물상자 속 선물로 정할 오브젝트를 추가합니다. 자유롭게 오브젝트를 추가합니다.
(본문의 예제는 곰인형으로 추가합니다.)

03 추가된 오브젝트에 다음과 같은 조건으로 코드를 입력합니다.

- 시작단추를 클릭했을 때 모양을 숨기기합니다.
- 어린이라는 신호를 받았을 때 모양이 나타납니다.
- "감사합니다."를 3초간 말하기 하고 숨기기를 합니다.

실행 화면 예

힌트 블록

CHAPTER 15 지문 인식 통과 현관문

■ 불러올 파일 : 없음　　■ 완성된 파일 : 지문인식_완성.ent

AI처럼 생각해 보기

– 준비물 : 연필

● 다음 중 지문 인식 현관문에서 지문을 판단하고 문을 열어주는 과정을 보고 가장 빠른 순서의 번호를 답안 입력에 적어봅니다.

❶ 등록된 지문이 있는지 판단을 한다.

❷ 문 앞으로 간다.

❸ 문이 열린 것을 확인하고 들어간다..

❹ 지문 인식기에 등록된 손가락을 갖다 댄다.

❺ 등록된 지문이 있으면 문이 열린다.

❻ 지문 인식기를 확인한다.

답안 입력						

이런걸 배워요! → 인공지능 모델 학습하기에서 이미지 학습을 알아보기!

- 학습된 이미지 데이터에 따라 신호를 보낼 수 있다.

▲ 미리보기 : 15일차_완성.ent

▶ **스토리**

요즘 도둑이 늘고 있는데요. 우리 집을 안전하게 지키기 위해 AI 지문 인식기계를 설치했어요. 현관문을 통과하려면 엄지손가락 인식기에 가져다 대보세요.

01 오브젝트 추가하고 이미지 학습하기

❶ 엔트리에서 엔트리봇을 삭제한 다음 오브젝트를 불러와서 아래 그림과 같이 오브젝트의 위치와 크기를 변경하여 배치합니다.

- 오브젝트 목록 순서
  - 난쟁이(3)
  - 좋아요(1)
  - 결과 확인 버튼
  - 자동문

❷ 먼저 AI에게 이미지 학습을 위해서 3개의 칸에는 가짜 지문을 그려줍니다. 그리고 1개의 칸에는 진짜 지문을 그려봅니다.
(외곽선이 진해야 이미지를 잘 인식하니 흐리게 그리지 말고 선을 굵게 그리고 비슷하지 않고 확실히 다르게 4개의 지문을 그려 보세요. 그리기 카드는 교재 뒷 부분에 있습니다.)

❸ 블록 꾸러미를 선택하고 [인공지능 모델 학습하기]-[분류: 이미지]를 클릭한 후 <학습하기> 단추를 클릭합니다.

❹ [이미지 모델 학습하기]에서 학습주제는 '지문'으로 입력하고 클래스 이름은 '가짜지문1'을 입력합니다. 이어서, [촬영]을 선택하면 웹캠이 실행되면서 화면이 커지게 됩니다.

※ 카메라 사용 권한은 [허용]을 클릭합니다.

❺ 촬영을 클릭해서 그린 이미지를 최소 5장 이상 찍어주세요.

❻ 클래스의 수는 총 4개로 '가짜지문1', '가짜지문2', '가짜지문3', '진짜지문'입니다.
  – 클래스를 추가하려면 ➕ 클래스 추가하기 를 클릭합니다.

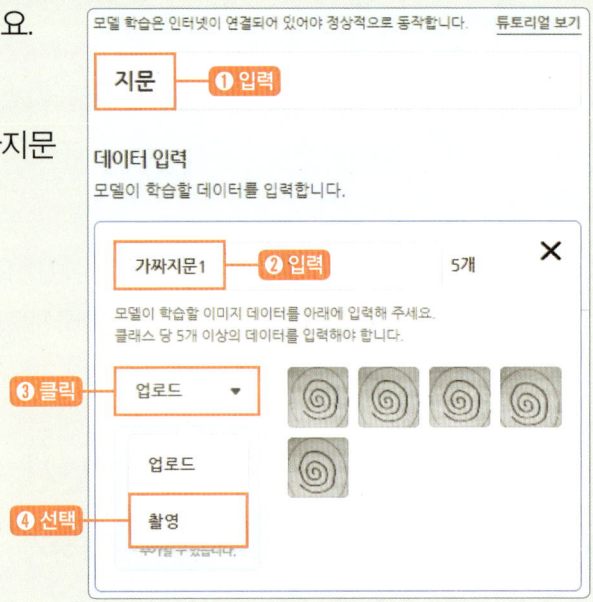

❼ 다음과 같이 모든 이미지를 AI에게 학습 후 <모델 학습하기> 단추를 클릭하고 학습을 완료합니다. 결과에 [촬영]을 선택하고 진짜지문을 촬영하면 분류한 클래스 결과가 나타납니다.

❽ 모든 학습이 완료되면 <입력하기> 단추를 클릭합니다.

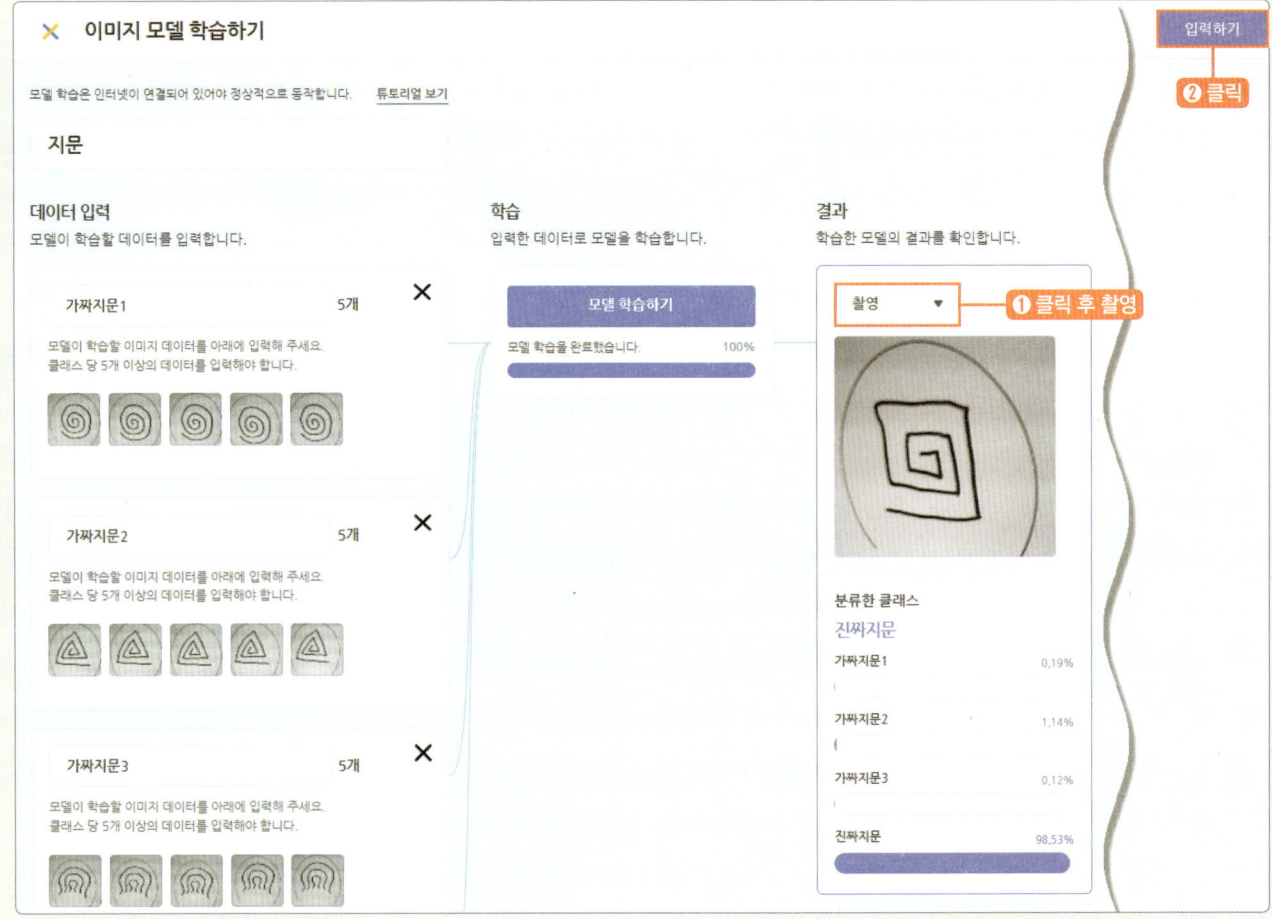

02 신호 만들고 오브젝트에 블록 코드 만들기

❶ 지문에 따른 신호를 주기 위해서 [속성] 탭-[신호]를 클릭하고 <신호 추가하기> 단추를 클릭해서 다음과 같이 신호를 만들어 줍니다.

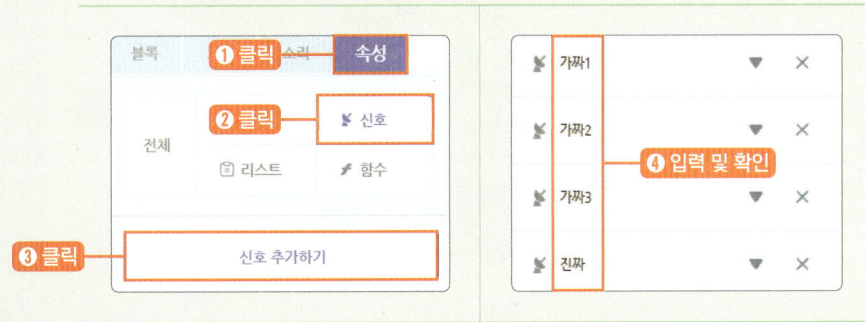

❷ 블록 꾸러미를 선택하고 [인공지능 블록 불러오기]를 클릭한 다음 [비디오 감지]-사물 인식과 [읽어주기]를 선택하고 <불러오기> 단추를 클릭합니다.

❸ '난쟁이(3)' 오브젝트에 다음과 같이 블록코드를 완성하여 봅니다.

※ 카메라로 진짜지문을 판단하면 '진짜' 신호를 보내주고 '난쟁이(3)' 오브젝트가 오른쪽으로 이동하게 됩니다.

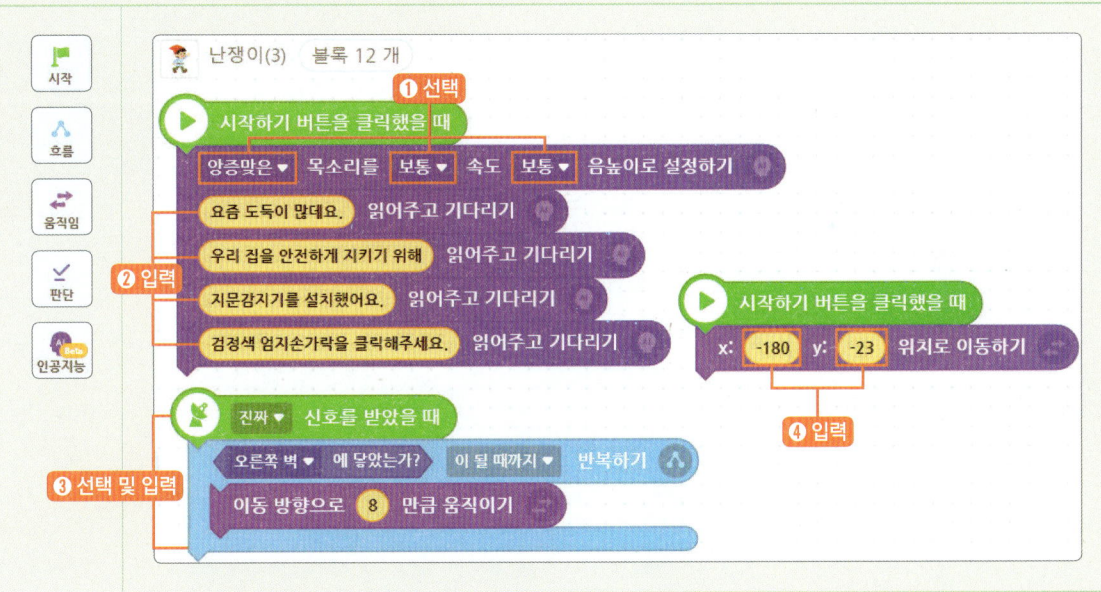

❹ '좋아요(1)' 오브젝트에 다음과 같이 블록코드를 완성하여 봅니다.

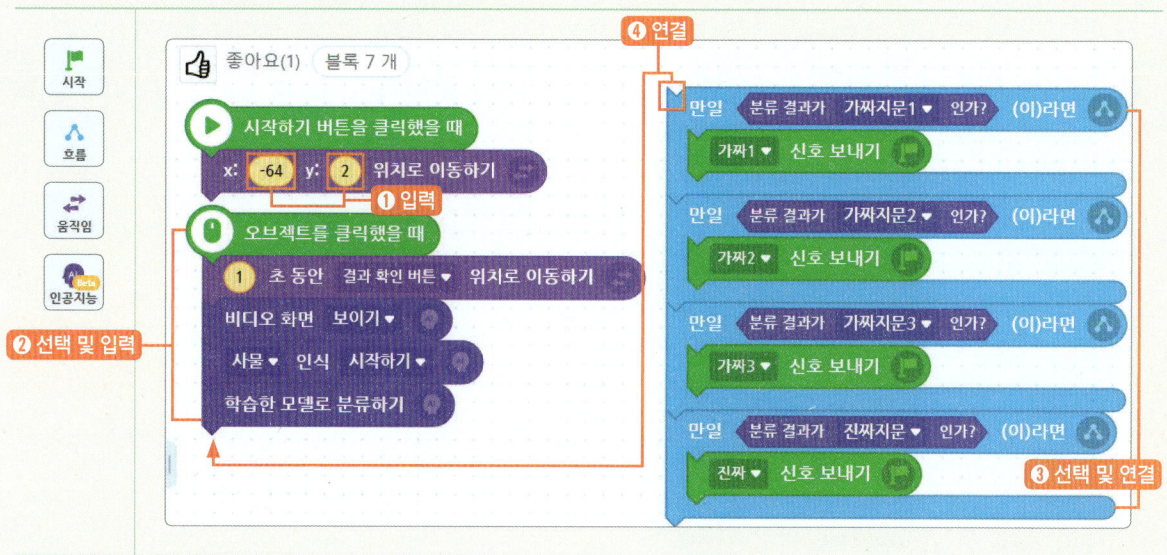

03 판단 결과 블록 코드 만들기

❶ 가짜 지문일 경우에 경고음을 추가하기 위해서 '결과 확인 버튼' 오브젝트를 클릭하고 [소리]탭에서 <소리 추가하기> 단추를 클릭해서 다음과 같이 만들어 줍니다.
 – 소리는 '위험 경고', '딩동'을 추가합니다.

❷ [블록] 탭을 클릭하고 '결과 확인 버튼' 오브젝트에 다음과 같이 블록코드를 완성하여 봅니다.
– 가짜1 신호를 받으면 '위험 경고'를 재생하고 진짜 신호를 받으면 '딩동'을 재생합니다.

❸ '가짜2', '가짜3' 신호를 만들기 위해서 '가짜1' 블록 코드에서 마우스 오른쪽 단추를 눌러 [코드 복사 & 붙여넣기]를 선택하고 '가짜2'를 선택합니다. 같은 방법으로 '가짜3' 블록 코드도 만들어 봅니다.

❹ '자동문' 오브젝트는 위로 열렸다가 다시 아래로 내려오기 때문에 이동 방향을 변경해 줍니다.
– 오브젝트의 이동 방향 화살표를 마우스를 이용해서 위쪽으로 변경합니다.

※ 오브젝트의 이동 방향을 마우스로 정확히 움직이기 힘들면 오브젝트 목록에서 이동 방향을 '0'으로 입력합니다.

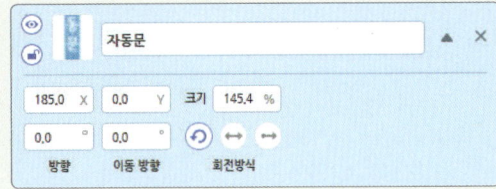 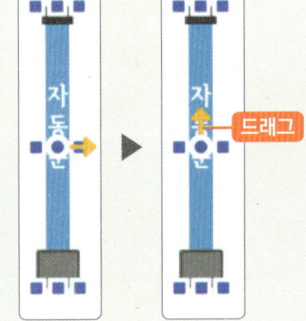

❺ '자동문' 오브젝트에 다음과 같이 블록코드를 완성하여 봅니다.
– '진짜' 신호를 받으면 '자동문' 오브젝트가 200만큼 이동하면서 자동문이 열리게 됩니다.

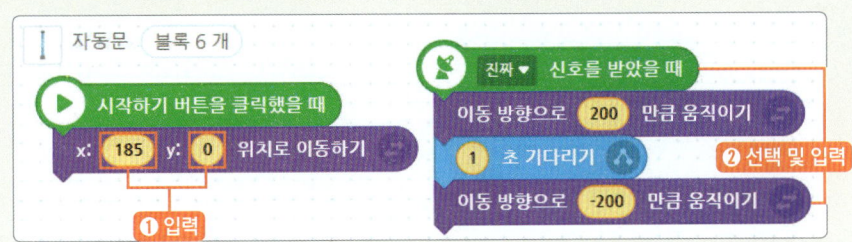

❻ 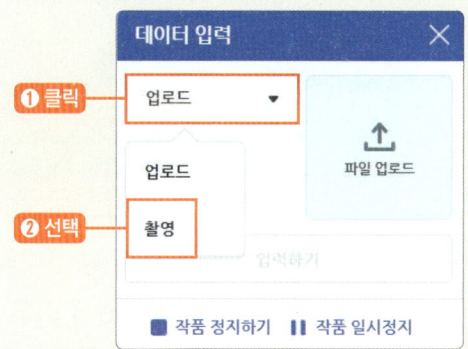 단추를 클릭하고 '좋아요(1)' 오브젝트를 클릭한 다음 '촬영'을 선택하고 지문을 그린 카드를 카메라에 보여지도록 선택한 다음  단추를 클릭 후 <적용하기> 단추를 클릭하면 지문에 따라 결과를 확인할 수 있습니다.

CHAPTER 15 문제해결능력 상상에 코딩을 더해서

■ 불러올 파일 : [15장]-15장 상상 코딩.ent   ■ 완성된 파일 : 15장 상상 코딩_완성.ent

▶ **더하기 스토리** : 현관문을 통과하면 장면을 추가해서 이야기를 만들어 보세요.

01 엔트리에서 불러오기()-[오프라인 작품 불러오기]를 클릭하고 [불러올 파일]-[15장]에서 '15장 상상 코딩.ent' 파일을 불러옵니다.

HINT!
① 다음 장면으로 넘기고 싶을 때는 코드 맨 마지막에 다음 장면 시작하기 블록 명령을 이용합니다.
② 장면을 추가합니다.

힌트 블록
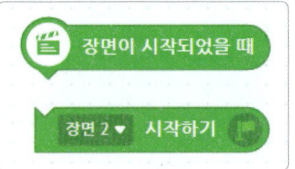

02 '장면 2'가 시작하면 '난쟁이(3)' 오브젝트를 자유롭게 이동하고 말하기를 이용합니다.

■ '거실(4)' 오브젝트를 이용합니다.

 ▶

CHAPTER 16 큰일났어! 젊은이들이 줄어들고 있데

■ 불러올 파일 : [16장]-인구수 알아보기.ent   ■ 완성된 파일 : 인구수 알아보기_완성.ent

AI처럼 생각해 보기
– 준비물 : 연필

● 아래 만들어진 이미지를 보고 각 도형들이 몇 개로 만들었는지 써봅니다.

이런건 배워요! → 테이블 추가와 차트 만들기 알아보기!

- 데이터분석에서 테이블을 추가하는 기능을 사용합니다.
- 연도별 인구를 비교하고 나타낼 수 있습니다.

▲ 미리보기 : 16일차_완성.ent

▶ 스토리

우리나라의 젊은 사람의 인구수가 줄고 있다고 합니다. 반대로 의료기술의 발달로 노인들의 수명이 길어져 노인의 수가 늘고 있다고 합니다. 연도별 인구 조사를 통해 알아보아요.

01 테이블 추가하기

❶ 엔트리에서 불러오기( )-[오프라인 작품 불러오기]를 클릭하고 [불러올 파일]-[16장]에서 '인구수 알아보기.ent' 파일을 불러옵니다.

❷ [데이터분석]에서 [테이블 불러오기]를 클릭하고 [테이블 추가하기]를 클릭합니다.

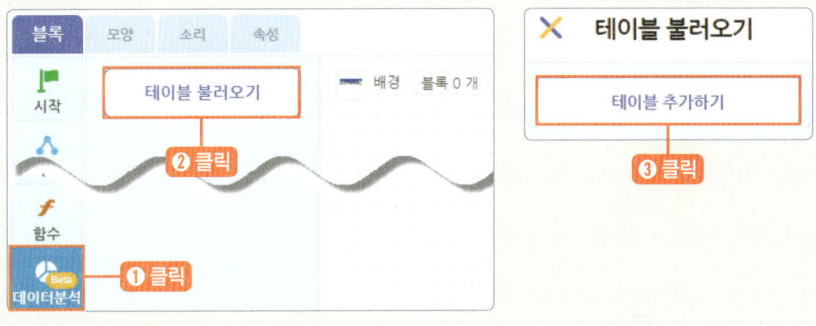

❸ 테이블 선택에서 "연령별/계층별 인구 구성비"를 클릭하고 <추가하기> 단추를 클릭합니다.

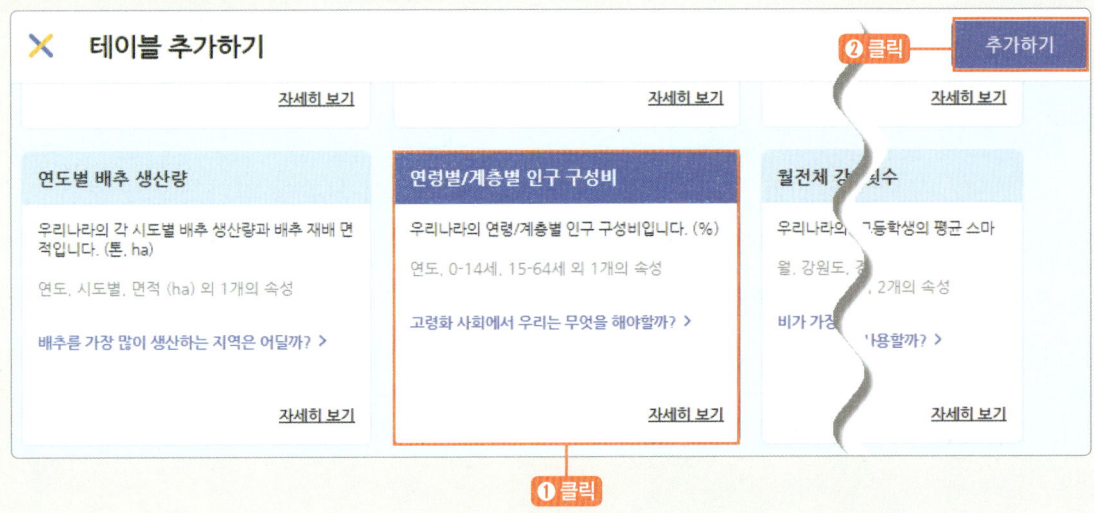

CHAPTER 16 큰일났어! 젊은이들이 줄어들고 있는데 **111**

❹ 데이터 테이블이 나오면 [저장하기]-[확인]을 클릭하고 <적용하기> 단추를 클릭합니다.

02 오브젝트에 블록 코드와 신호 만들기

❶ 블록 꾸러미를 선택하고 [인공지능 블록 불러오기]를 클릭한 다음 [읽어주기]를 선택하고 <불러오기> 단추를 클릭합니다.

❷ '지금은 몇 년도입니까?' 오브젝트에 다음과 같이 블록코드를 완성하여 봅니다.

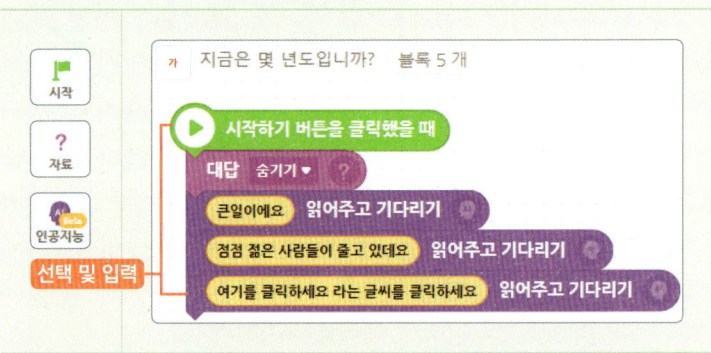

❸ 연도별 맞는 명령을 실행하기 위해서 [속성] 탭-[신호]를 클릭하고 <신호 추가하기> 단추를 클릭해서 1990, 1994, 1998, 2002, 2006, 2010, 2014, 2018까지 신호를 추가합니다.

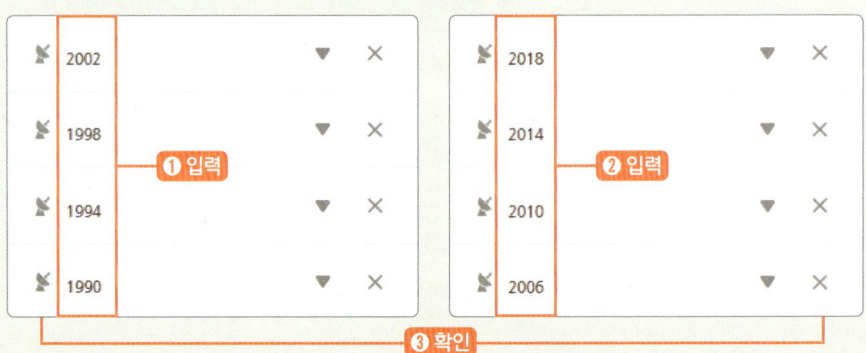

❹ [블록] 탭을 누르고 '지금은 몇 년도입니까?' 오브젝트에 다음과 같이 블록코드를 완성하여 봅니다.
– 오브젝트를 클릭했을 때 읽어주기와 차트를 보여줍니다.

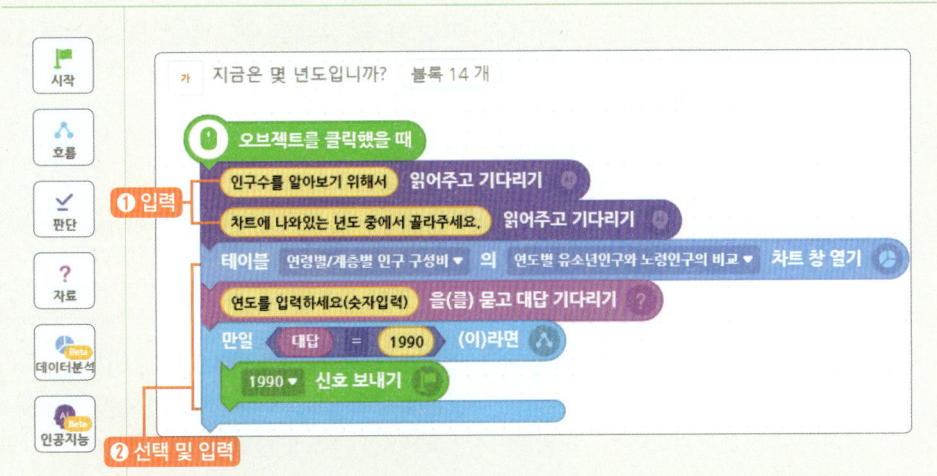

❺ 연도별로 비교를 해서 신호를 보내기 위해서 코드 블록을 복사하고 연결합니다.

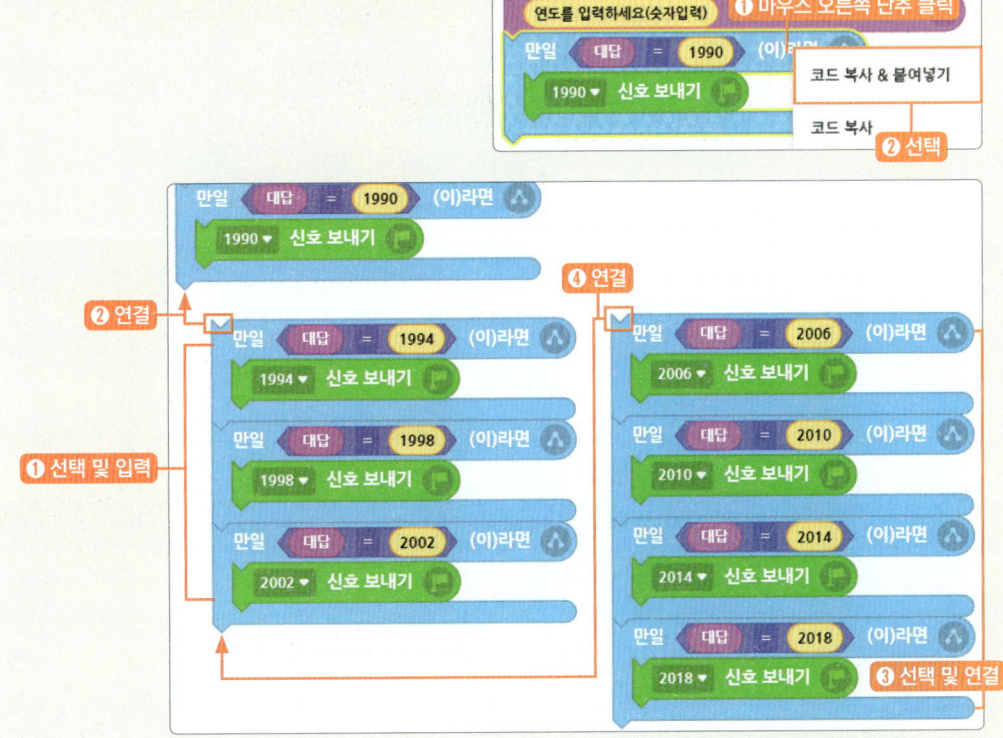

CHAPTER 16 큰일났어! 젊은이들이 줄어들고 있는데　113

03 젊은이와 노인에게 블록 코드 입력하기

❶ 모든 젊은이와 노인은 시작하기 버튼을 클릭했을 때 모양 보이기를 입력합니다.

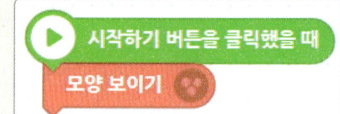

※ 블록 코드를 복사하면 빠르게 블록 코드를 완성할 수 있습니다.

❷ 표를 보고 젊은이와 노인 오브젝트에 모양 숨기기와 모양 보이기를 각각 입력합니다.

※ 각 오브젝트별 신호와 모양 보이기를 만들고 복사를 이용하면 빠르게 블록 코드를 완성할 수 있습니다.

코드＼년도	1990	1994	1998	2002	2006	2010	2014	2018
젊은이1	모양보이기	모양보이기	모양보이기	모양보이기	모양보이기	모양보이기	모양보이기	모양보이기
노인1	모양보이기	모양보이기	모양보이기	모양보이기	모양보이기	모양보이기	모양보이기	모양보이기
젊은이2	모양보이기	모양보이기	모양보이기	모양보이기	모양보이기	모양보이기	모양숨기기	모양숨기기
노인2	모양숨기기	모양보이기	모양보이기	모양보이기	모양보이기	모양보이기	모양보이기	모양보이기
젊은이3	모양보이기	모양보이기	모양보이기	모양보이기	모양보이기	모양숨기기	모양숨기기	모양숨기기
노인3	모양숨기기	모양숨기기	모양보이기	모양보이기	모양보이기	모양보이기	모양보이기	모양보이기
젊은이4	모양보이기	모양보이기	모양보이기	모양보이기	모양숨기기	모양숨기기	모양숨기기	모양숨기기
노인4	모양숨기기	모양숨기기	모양숨기기	모양보이기	모양보이기	모양보이기	모양보이기	모양보이기
젊은이5	모양보이기	모양보이기	모양보이기	모양숨기기	모양숨기기	모양숨기기	모양숨기기	모양숨기기
노인5	모양숨기기	모양숨기기	모양숨기기	모양숨기기	모양보이기	모양보이기	모양보이기	모양보이기
젊은이6	모양보이기	모양보이기	모양숨기기	모양숨기기	모양숨기기	모양숨기기	모양숨기기	모양숨기기
노인6	모양숨기기	모양숨기기	모양숨기기	모양숨기기	모양숨기기	모양보이기	모양보이기	모양보이기
젊은이7	모양보이기	모양숨기기	모양숨기기	모양숨기기	모양숨기기	모양숨기기	모양숨기기	모양숨기기
노인7	모양숨기기	모양숨기기	모양숨기기	모양숨기기	모양숨기기	모양숨기기	모양보이기	모양보이기
젊은이8	모양숨기기	모양숨기기	모양숨기기	모양숨기기	모양숨기기	모양숨기기	모양숨기기	모양숨기기
노인8	모양숨기기	모양숨기기	모양숨기기	모양숨기기	모양숨기기	모양숨기기	모양숨기기	모양보이기

❸ 블록 코드를 복사하기 위해서 마우스 오른쪽 단추 [코드 복사 & 붙여넣기]를 클릭하고 복사된 블록 코드를 배치합니다.
  – 각 오브젝트별 표를 확인하면서 모양 숨기기 또는 모양 보이기로 변경합니다.

❹ '젊은이1' 오브젝트에 다음과 같이 블록코드를 완성하여 봅니다.

❺ ▶시작하기 단추를 클릭하고 '지금은 몇 년도입니까?' 오브젝트를 클릭하면 차트를 보여줍니다. 이어서 차트에서 궁금한 연도를 기억하고 오른쪽 상단의 X표시로 차트 보기창을 종료합니다.

❻ 연도의 숫자를 입력하고 ✓를 클릭하면 인구수가 나타나게 됩니다.

CHAPTER 16 문제해결능력 상상에 코딩을 더해서

■ 불러올 파일 : 없음   ■ 완성된 파일 : 16장 상상 코딩_완성.ent

▶ **더하기 스토리 :** 마지막으로 '젊은이1' 코드에 입력 내용을 변경하거나 목소리를 변조해 보세요. 모양도 바꿔보세요.

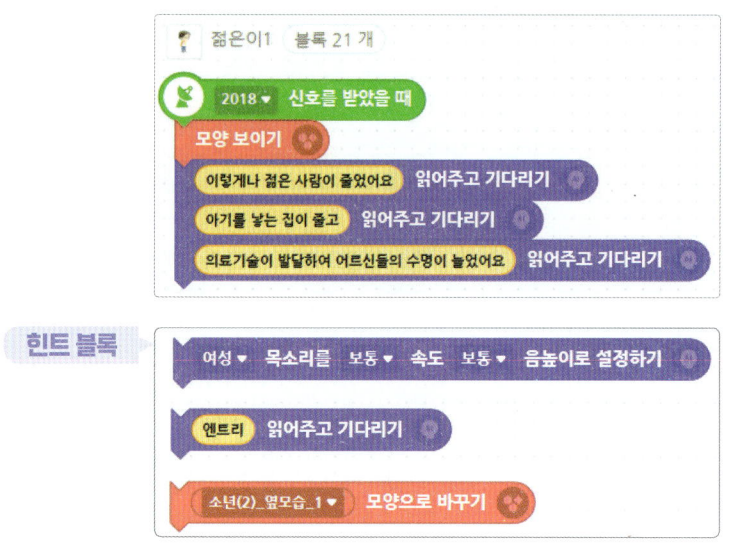

■ '젊은이1' 오브젝트에 모양을 변경하고 읽어주기를 합니다.

MEMO

CHAPTER 17 AI 소방차, 불이야~

■ 불러올 파일 : [17장]-AI 소방차.ent   ■ 완성된 파일 : AI 소방차_완성.ent

AI처럼 생각해 보기

– 준비물 : 연필

- 다음 이미지를 보고 화살표 방향으로 도형을 보았을 때 보이는 모양을 연결해봅니다.

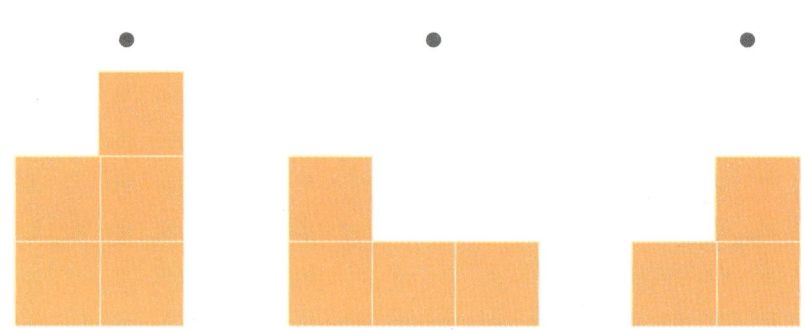

이런걸 배워요! 음성 학습 알아보기!

- 인공지능 모델 학습하기에서 음성 학습을 할 수 있습니다.
- 크기를 바꾸기와 크기를 정하기의 차이점을 알 수 있습니다.

▲ 미리보기 : 17일차_완성.ent

▶ 스토리

불이 났어요. 다행히 사람들은 옥상으로 피신을 했지만 빨리 소방차를 불러야 해요. AI소방차가 출동해서 불을 꺼줄 수 있도록 마이크를 클릭해서 "불이야~"를 크게 외쳐주세요.

01 오브젝트에 블록 코드 입력하기

① 엔트리에서 불러오기( )-[오프라인 작품 불러오기]를 클릭하고 [불러올 파일]-[17장]에서 'AI 소방차.ent' 파일을 불러옵니다.

② 블록 꾸러미를 선택하고 [인공지능 블록 불러오기]-[오디오 감지]와 [읽어주기]를 클릭한 후 <불러오기> 단추를 클릭합니다..

③ '불' 오브젝트에 다음과 같이 블록코드를 완성하여 봅니다.

④ '불' 신호를 받으면 모양을 보이고 '화재끝' 신호를 받으면 모양을 숨기기 합니다.

CHAPTER 17 AI 소방차. 불이야~ 119

❺ ['구해줘1', '구해줘2' 오브젝트에 다음과 같이 블록 코드를 완성하여 봅니다.
　– '구해줘1' 오브젝트의 블록 코드를 복사하여 '구해줘2' 오브젝트에 붙여넣기 합니다.

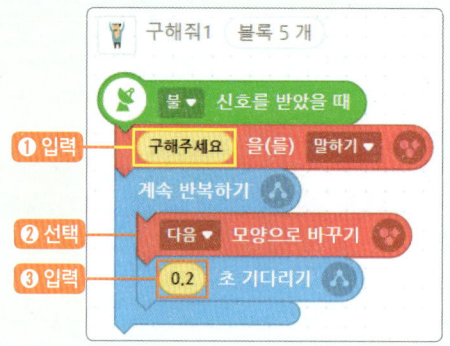 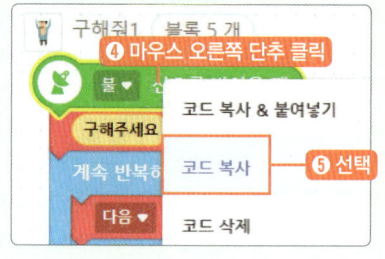 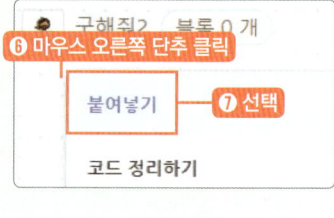

❻ '구해줘1', '구해줘2' 오브젝트에 불이 꺼졌을 때를 완성하여 봅니다.

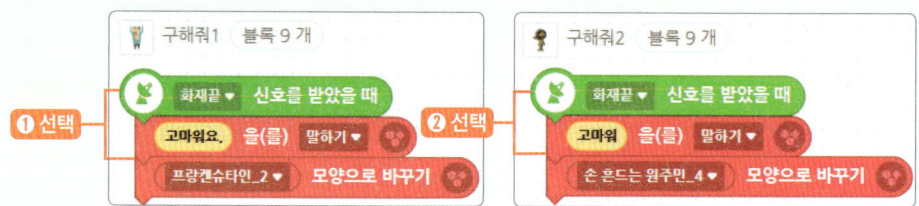

❼ '물줄기' 오브젝트에 다음과 같이 블록 코드를 완성하여 봅니다.
　– '물줄기' 오브젝트는 시작하면 모양을 숨기기를 하고 '소방차' 오브젝트로 위치를 이동합니다.
　– '물' 신호를 받으면 모양을 보이기를 하고 반복하기로 크기를 바꿔줍니다.

02 '신고' 오브젝트에 음성 학습시키기

❶ 블록 꾸러미를 선택하고 [인공지능 모델 학습하기]에서 [분류: 소리]를 선택하고 <학습하기> 단추를 클릭합니다.

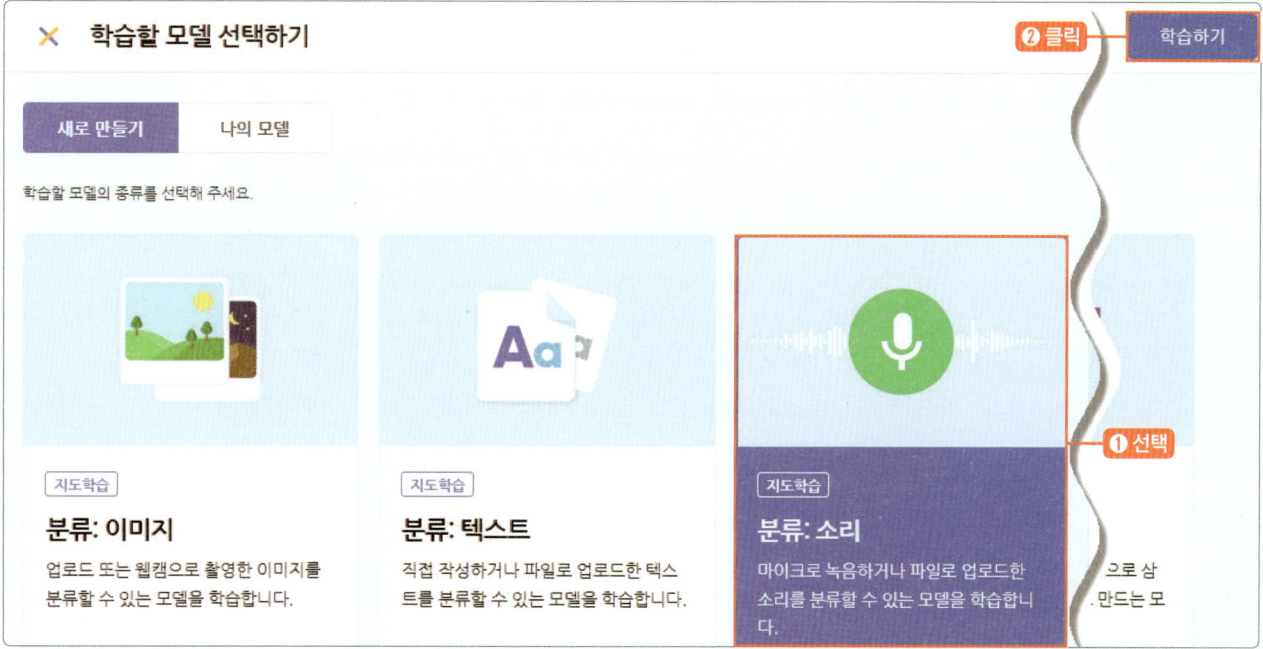

❷ "불이야" 음성을 학습시키기 위해서 '화재'를 입력하고 클래스는 '불이야'를 입력한 후 '녹음' 버튼을 눌러 '불이야'를 녹음합니다.

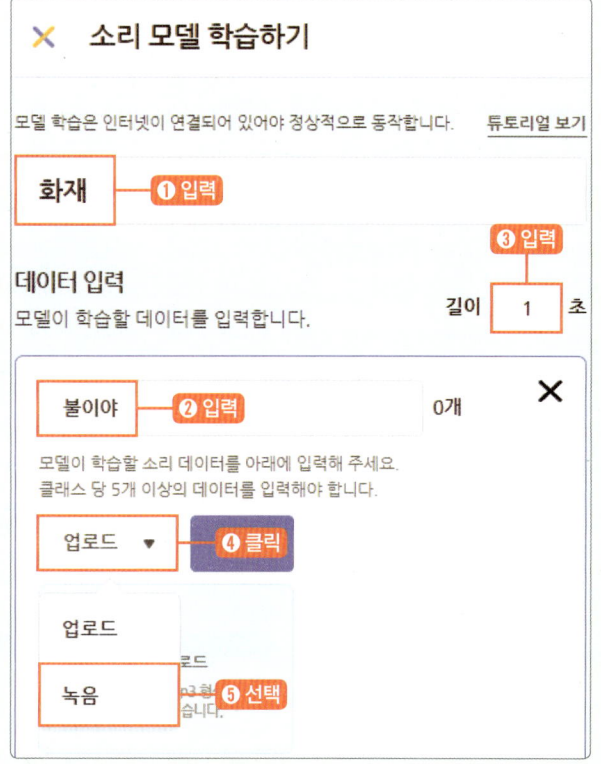
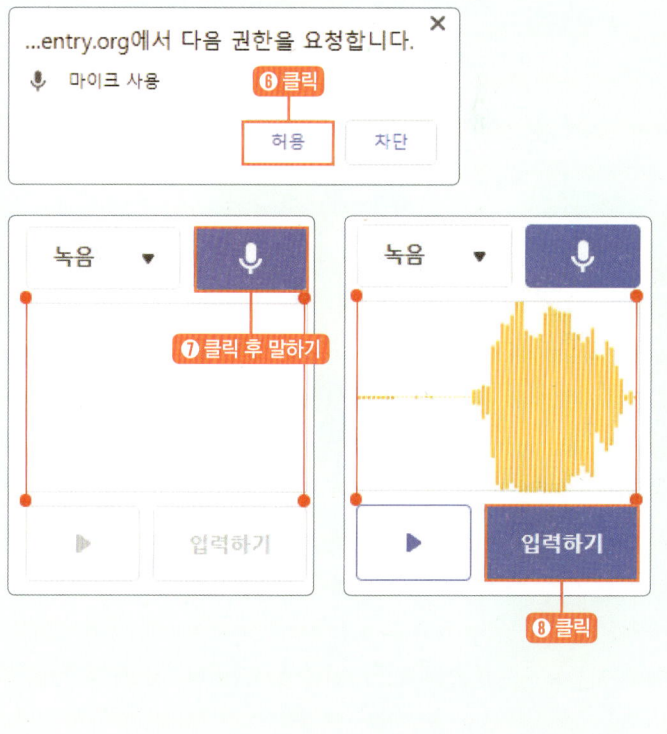

❸ 각 클래스에서 최소 5개 이상의 음성을 녹음해야 합니다.
  - 음성 녹음 방법은 [마이크]버튼을 클릭하자마자 바로 "불이야"를 말합니다.
    ※ 녹음이 안될 때 [불러올 파일]-[17장]에 있는 음성파일을 [업로드]를 이용해서 만듭니다.
    (음성 파일 이름 : 불이야1~5, 다른소리1~5)

❹ 클래스를 추가하여 음성을 녹음하고 [모델 학습하기]를 클릭하고 결과에서 [녹음]을 선택하고 마이크에 말을 해봅니다. 이어서, 분류한 클래스를 확인하고
  - 클래스의 이름은 자유롭게 입력해도 됩니다. 음성 내용도 "불이야"를 제외한 다른 음성으로 말합니다.

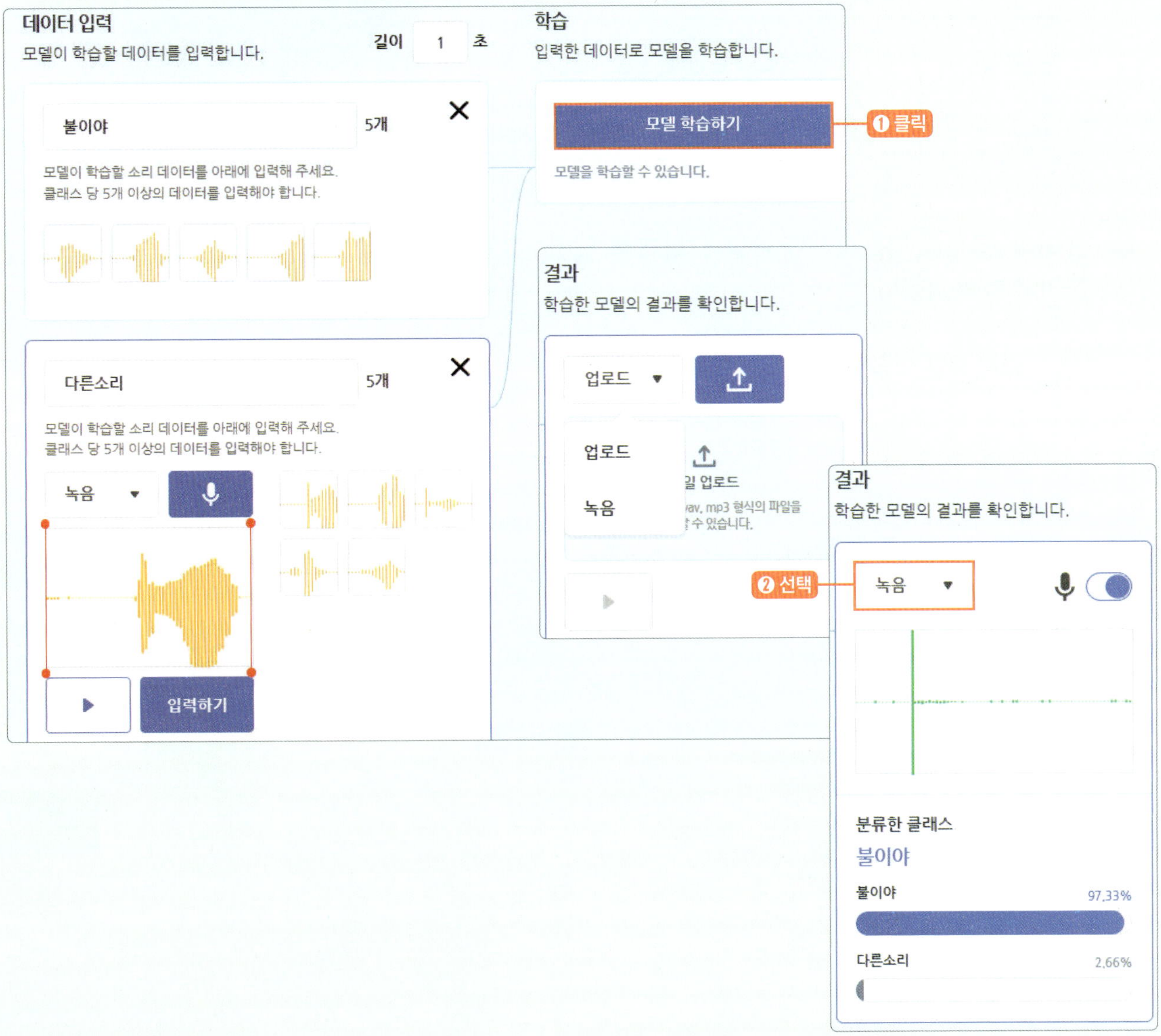

❺ '신고' 오브젝트에 다음과 같이 블록 코드를 완성하여 봅니다.

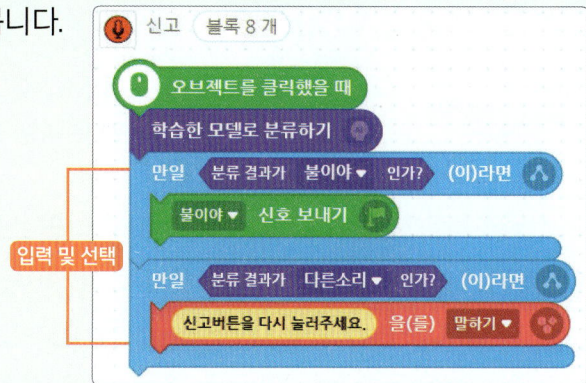

❻ ▶시작하기 단추를 클릭하고 '신고' 오브젝트를 클릭한 다음 '녹음'을 선택하고 🎤 단추를 클릭 후 <입력하기> 단추를 클릭하면 음성에 따라 결과를 확인할 수 있습니다.

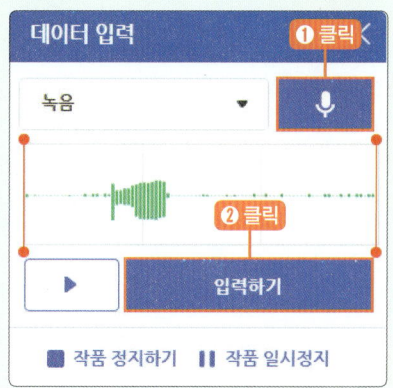

TIP
교재의 완성 파일은 [업로드]를 이용한 이미지 파일을 사용했습니다.

CHAPTER 17 문제해결능력 상상에 코딩을 더해서

■ 불러올 파일 : 없음　■ 완성된 파일 : 17장 상상 코딩_완성.ent

▶ **더하기 스토리** : 불이 다 꺼지고 나면 소방차가 소방서로 돌아가도록 만들어 보세요.

- 화재가 끝났다는 신호를 받으면 소방차를 소방서 방향으로 갈 수 있게 방향을 돌립니다.
- 소방차가 온 만큼 이동하게 합니다.
- 반복과 이동 방향으로 움직이는 숫자를 입력해봅니다.

힌트 블록

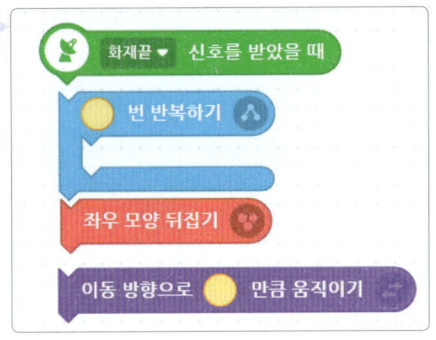

MEMO

CHAPTER 18 범인을 찾아라. 몽타주 만들기

■ 불러올 파일 : [18장]-몽타주_여자.ent 또는 몽타주_남자.ent   ■ 완성된 파일 : 몽타주_완성_남자.ent, 몽타주_완성_여자.ent

AI처럼 생각해 보기

– 준비물 : 연필

- 도둑이 물건을 훔쳐서 가는 중 보석을 '빨강-초록-노랑-파랑' 순서로 흘렸습니다. 보석의 위치를 써보고 도둑의 좌표를 써봅니다.
  – 도둑의 위치는 가장 마지막에 흘린 보석 근처에 숨어 있습니다.

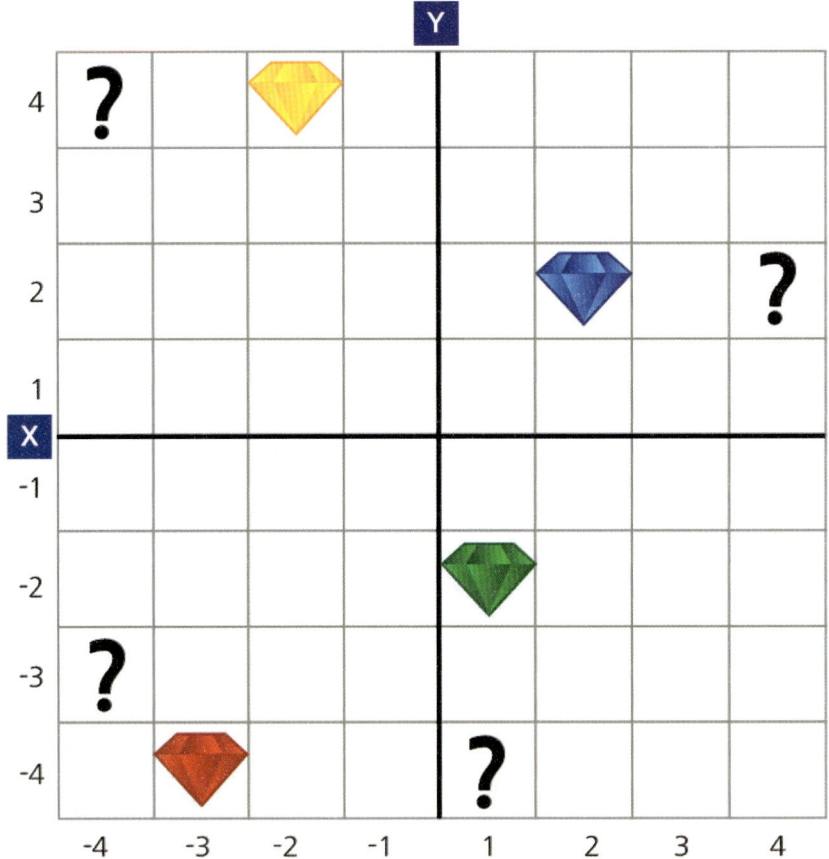

🔴	(X: -3, Y: -4)	🟢	(X: , Y:)
🔵	(X: , Y:)	🟡	(X: , Y:)

(X: , Y:)

이런걸 배워요! → 데이터 학습 알아보기!

- 필요한 변수를 만들고 지정할 수 있습니다.
- 테이블의 대상값을 대답 변수값에 따라 변경할 수 있습니다.

▲ 미리보기 : 18일차_완성.ent

▶ 스토리

도둑이 들었어요. 어두운 밤이었지만 다행히 달빛에 범인의 얼굴을 봤어요. 기억을 되살려 범인의 몽타주를 그려 보아요.

완성작품 미리보기

01 데이터 분석에 테이블을 추가하기

❶ 엔트리에서 불러오기( )-[오프라인 작품 불러오기]를 클릭하고 [불러올 파일]-[18장]에서 '몽타주_여자.ent' 또는 '몽타주_남자.ent' 파일을 불러옵니다.

❷ 블록 꾸러미를 선택하고 [인공지능 블록 불러오기]-[읽어주기]를 클릭한 후 <불러오기> 단추를 클릭합니다.

❸ 데이터 분석( )에서 테이블 불러오기를 합니다. 이어서 [테이블 추가하기]-[파일 올리기]를 클릭하고 <파일 선택> 단추를 클릭합니다.

CHAPTER 18 범인을 찾아라. 몽타주 만들기

④ [불러올 파일]-[18장]에서 '남자몽타주예시.xlsx' 파일을 클릭하고 <열기> 단추를 클릭합니다.(여자 범인을 봤다면 '여자몽타주예시.xlsx'파일을 불러옵니다.)

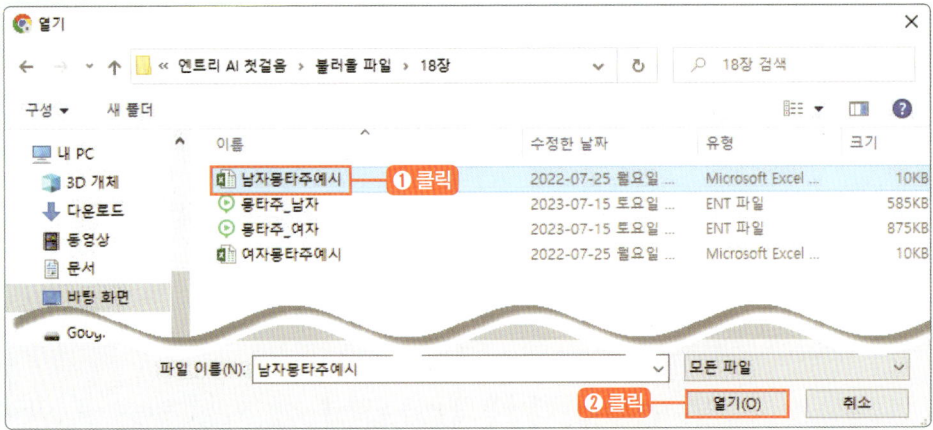

⑤ '남자몽타주예시.xlsx' 파일이 추가된 부분을 확인하고 <추가하기> 단추를 클릭합니다. 이어서 <적용하기> 단추를 클릭합니다.

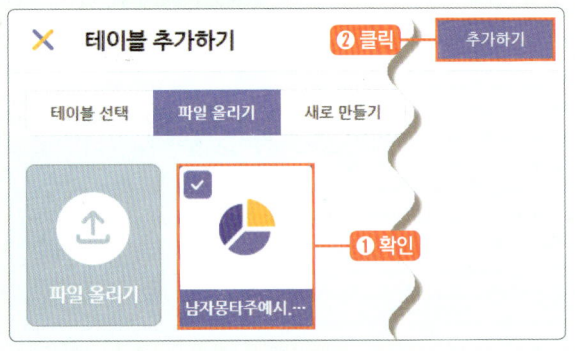 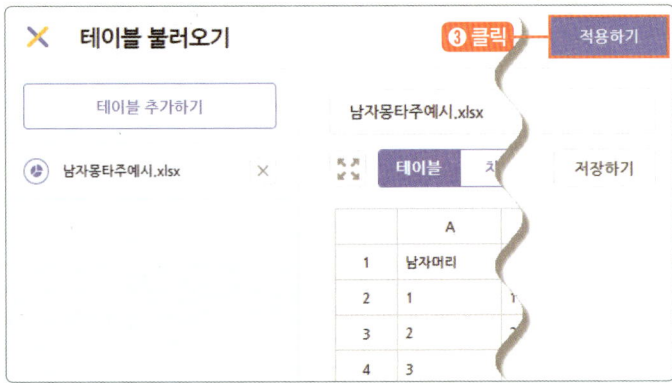

02 변수 만들고 블록 코드 만들기

① 범인의 머리, 눈, 코, 입의 변수를 만들기 위해서 [속성] 탭-[변수]를 클릭하고 <변수 추가하기> 단추를 클릭합니다. 이어서, 변수 이름을 입력하고 <변수 추가> 단추를 클릭합니다.

 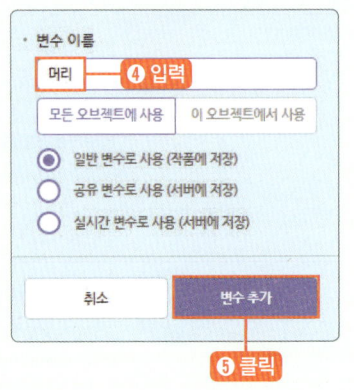 

❷ '범인의 얼굴을 찾아라' 텍스트 오브젝트에 다음과 같이 블록 코드를 완성하여 봅니다.

❸ 선택한 성별에 따라 '남자머리' 또는 '여자머리' 오브젝트를 선택하고 블록 코드를 완성하여 봅니다.
  ※ '남자', '여자'에 따라서 블록 코드를 잘 보고 변경해주세요.

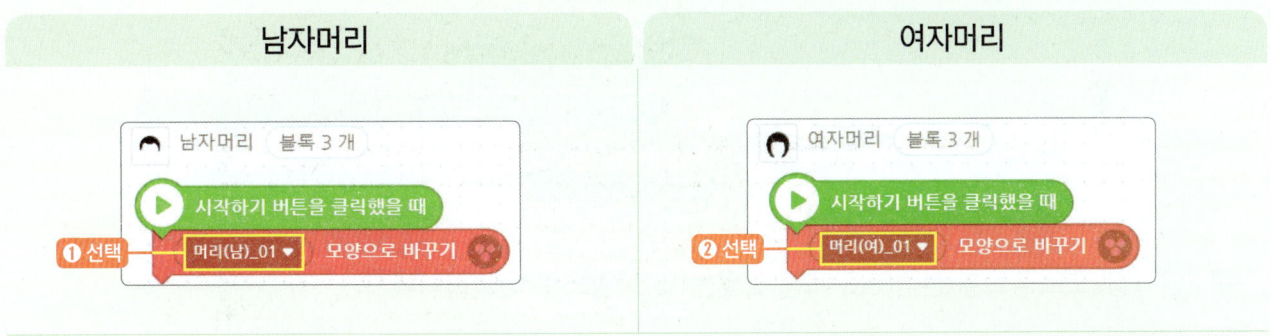

❹ '남자머리' 오브젝트를 선택하고 대답에 맞는 머리 모양으로 바꿔줍니다.

[여자 몽타주]

❺ '남자눈' 오브젝트를 선택하고 대답에 맞는 눈 모양으로 바꿔줍니다.

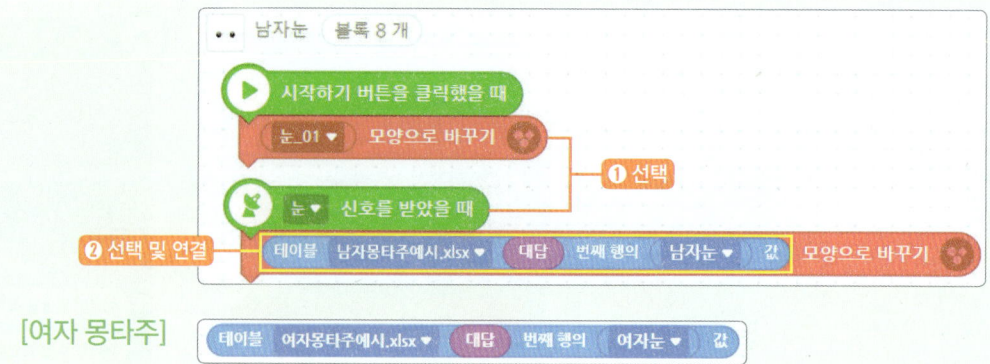

❻ '남자코' 오브젝트를 선택하고 대답에 맞는 코 모양으로 바꿔줍니다.

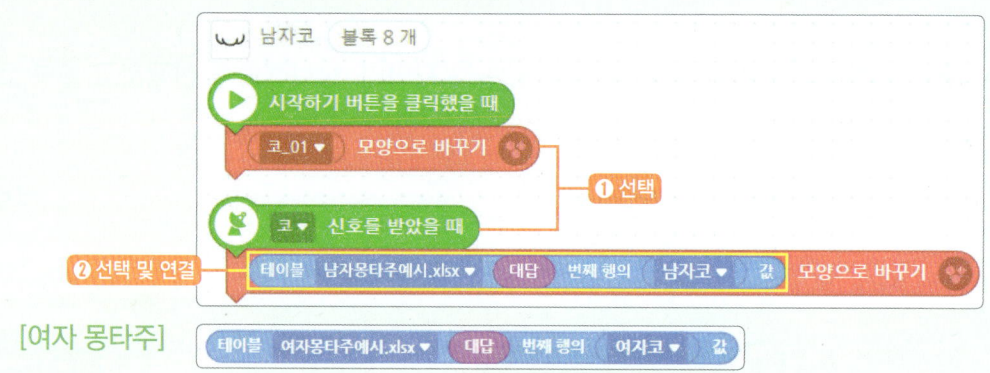

❼ '남자입' 오브젝트를 선택하고 대답에 맞는 입 모양으로 바꿔줍니다.

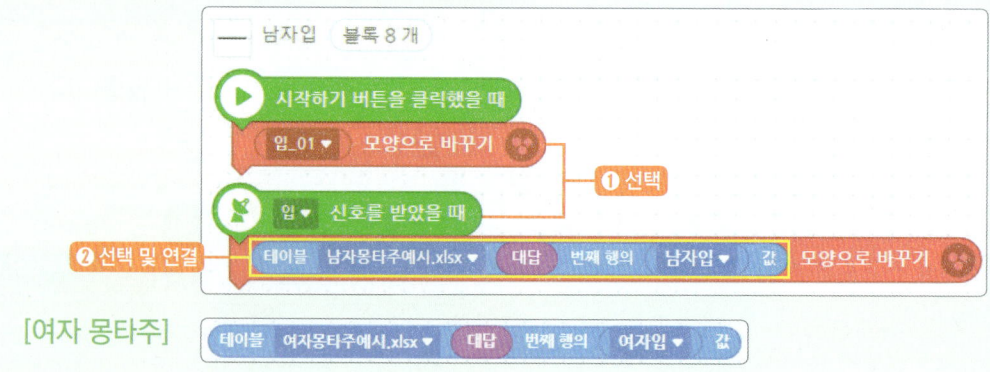

03 오브젝트를 클릭 이벤트

❶ '남자머리' 글상자(A 남자머리) 오브젝트를 선택하고 블록 코드를 완성하여 봅니다.

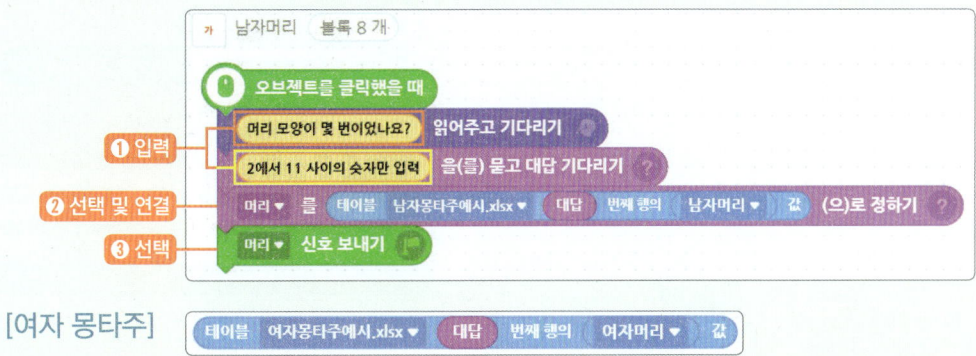

❷ '남자눈' 글상자 오브젝트를 선택하고 블록 코드를 완성하여 봅니다.

※ '남자머리' 글상자 오브젝트의 블록 코드를 복사하면 블록 코드 만들기가 쉽습니다.

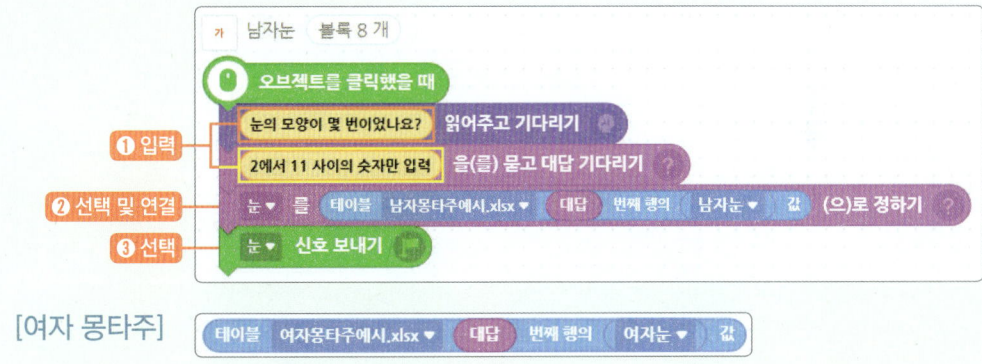

❸ '남자코' 글상자 오브젝트를 선택하고 블록 코드를 완성하여 봅니다.

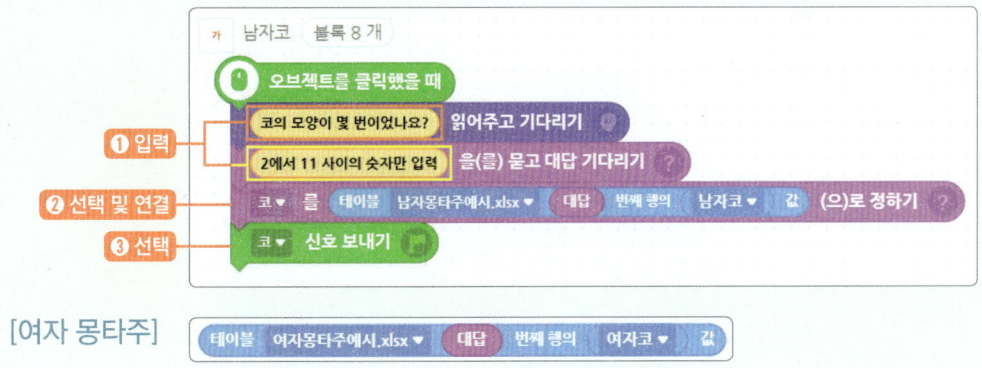

❹ '남자입' 글상자 오브젝트를 선택하고 블록 코드를 완성하여 봅니다.
 – 입의 모양은 1에서 20까지 모양이 있습니다.

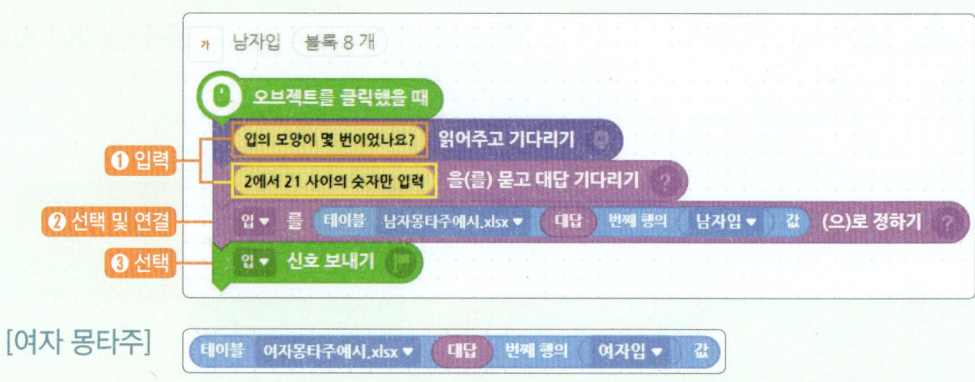

❺ ▶시작하기 단추를 클릭하고 범인의 몽타주와 같은 번호를 입력하면 머리, 눈, 코, 입 오브젝트가 바뀌는지 확인을 합니다.

CHAPTER 18 문제해결능력 상상에 코딩을 더해서

■ 불러올 파일 : 없음   ■ 완성된 파일 : 18장 상상 코딩_완성.ent

▶ **더하기 스토리** : 범인의 몽타주를 만든 후 "당신이 범인?"이라는 글상자를 클릭하면 "난 아니에요", "전 그때 친구랑 놀고 있었어요." 등 재미난 변명을 말하도록 해보세요.

■ 오브젝트 추가에서 글상자를 입력합니다.

■ '당신이 범인?' 글상자 오브젝트를 클릭했을 때 재미난 변명을 말하도록 입력합니다.

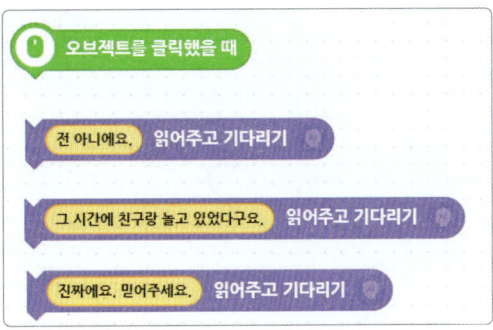

CHAPTER 18 범인을 찾아라. 몽타주 만들기

CHAPTER 19

10대, 60대 등 나이별 인기 가요 알아보기

■ 불러올 파일 : [19장]-나이별 인기 가요.ent   ■ 완성된 파일 : 나이별 인기 가요_완성.ent

AI처럼 생각해 보기

– 준비물 : 연필, 색연필

- 아래 네모칸의 숫자를 이용하여 색을 표시했습니다. 색을 표시하지 않은 숫자의 네모칸을 칠 또는 표시하면서 전체 네모칸을 다 채워봅니다.

4					4
		8			
	2				
2					3
7				6	

이런것 배워요! → 데이터 학습과 소리 재생하기 알아보기!

- 소리 재생하기로 무료 음원을 다운로드 받아 재생할 수 있습니다.
- 단어와 단어를 합쳐서 문자를 만들 수 있습니다.

▲ 미리보기 : 19일차_완성.ent

▶ 스토리

세대별 (초등, 중등, 노인) 인기 있는 노래를 알아보아요.

01 데이터 분석에 테이블을 추가하고 학습시키기

❶ 엔트리에서 불러오기( )-[오프라인 작품 불러오기]를 클릭하고 [불러올 파일]-[19장]에서 '나이별 인기가요.ent' 파일을 불러옵니다.

❷ 블록 꾸러미를 선택하고 [인공지능 블록 불러오기]-[읽어주기]를 클릭한 후 <불러오기> 단추를 클릭합니다.

❸ 데이터 분석( )에서 테이블 불러오기를 합니다. 이어서 [테이블 추가하기]-[테이블 선택]-'네이버 VIBE 재생 수 및 연령별 선호도 선택'을 클릭한 후 <추가하기> 단추를 클릭합니다.

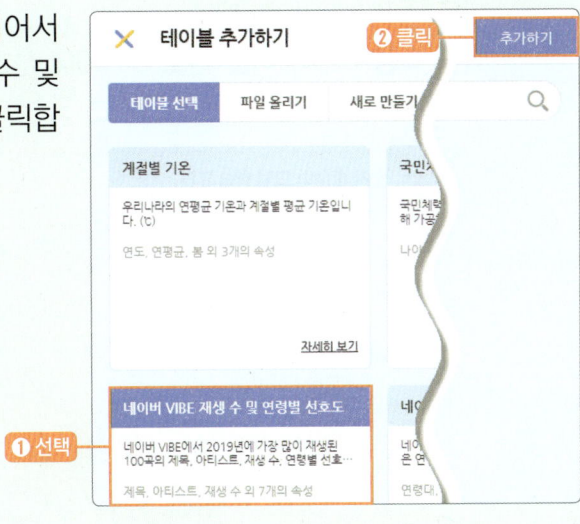

❹ 추가한 테이블을 확인하고 '차트-선'을 클릭합니다.

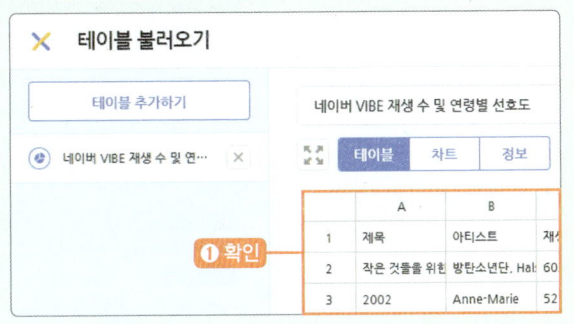

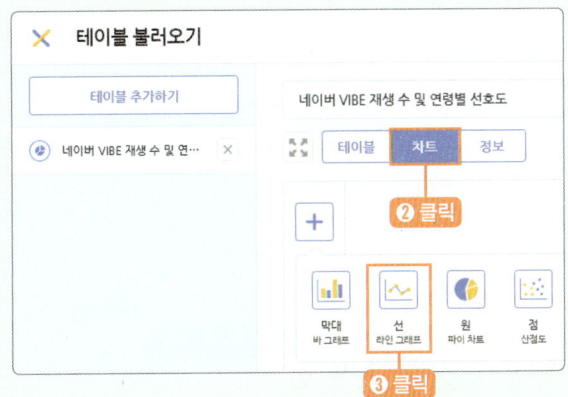

CHAPTER 19 10대, 60대 등 나이별 인기 가요 알아보기 135

❺ 차트 만들기에서 가로축 '순서'를 선택하고 계열 '10대 미만 선호도, 10대 선호도, 60대 이상 선호도'를 체크하고 <저장하기>-<확인> 단추를 클릭합니다. 이어서, <적용하기> 단추를 클릭합니다.

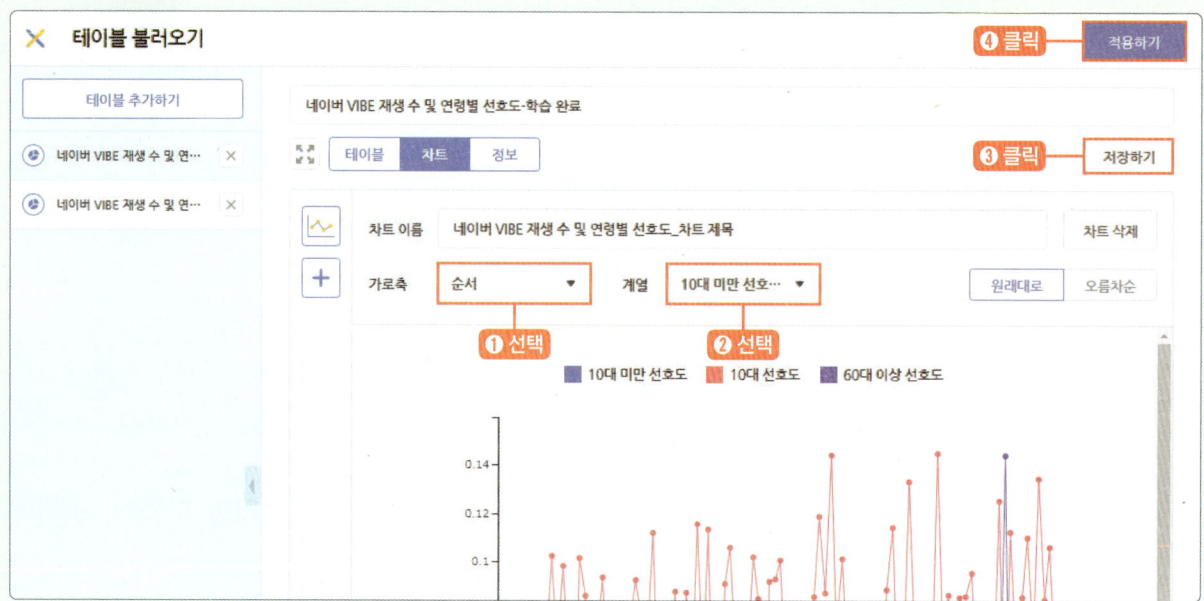

❻ 블록 꾸러미를 선택하고 [인공지능 모델 학습하기]-[분류:숫자(kNN)]을 클릭한 후 <학습하기> 단추를 클릭합니다.

- 제목 : 나이별 인기노래
- 핵심 속성 : '10대 미만 선호도', '10대 선호도', '60대 이상 선호도'
- 클래스 속성은 '제목', 이웃 개수는 '3'

136 엔트리로 배우는 AI 첫걸음

02 오브젝트에 블록 코드 만들기

❶ '조명이 있는 무대' 오브젝트를 선택하고 블록 코드를 완성하여 봅니다.

조명이 있는 무대 | 블록 9개

- 시작하기 버튼을 클릭했을 때
- 테이블 [네이버 VIBE 재생 수 및 연령별 선호도▼] 의 [네이버 VIBE 재생 수 및 연령별 선호도_차트 제목▼] 차트 창 열기 ❶ 선택
- ❷ 입력 [8] 초 기다리기
- 테이블 차트 창 닫기

- 시작하기 버튼을 클릭했을 때
- ❸ 선택 대답 [숨기기▼]
- ❹ 입력 [연령별 인기 있는 노래는 뭘까요?] 읽어주고 기다리기
- [초등 저학년은 1, 초등 고학년은 2, 60대 이상은 3을 입력해주세요.] 읽어주고 기다리기
- [숫자만 입력(1~3)] 을(를) 묻고 대답 기다리기

❷ 나이에 따른 인기 노래제목을 나타내기 위해서 블록 코드를 완성하여 봅니다.

- [10] 을(를) 말하기▼
- ❸ 연결 / [노래 제목은 :] 과(와) [10] 를 합치기 ❹ 입력
- ❷ 연결 / [10대 미만 선호도 10 10대 선호도 0 60대 이상 선호도 0] 의 분류 결과 ❶ 입력

- ❺ 입력 [숫자만 입력(1~3)] 을(를) 묻고 대답 기다리기
- 만일 [대답 = 1] (이)라면 ❻ 연결한 후 입력
- ❼ 연결 [노래 제목은 : 과(와) 10대 미만 선호도 10 10대 선호도 0 60대 이상 선호도 0 의 분류 결과 를 합치기] 을(를) 말하기▼
- [노래 제목은 : 과(와) 10대 미만 선호도 10 10대 선호도 0 60대 이상 선호도 0 의 분류 결과 를 합치기] 읽어주고 기다리기

❸ 숫자에 따른 '2', '3'에 따라서 판단하는 블록 코드를 완성하고 연결합니다.

- 만일 [대답 = 2] (이)라면
- [노래 제목은 : 과(와) 10대 미만 선호도 0 10대 선호도 10 60대 이상 선호도 0 의 분류 결과 를 합치기] 을(를) 말하기▼
- [노래 제목은 : 과(와) 10대 미만 선호도 0 10대 선호도 10 60대 이상 선호도 0 의 분류 결과 를 합치기] 읽어주고 기다리기
- 만일 [대답 = 3] (이)라면 확인한 후 연결
- [노래 제목은 : 과(와) 10대 미만 선호도 0 10대 선호도 0 60대 이상 선호도 10 의 분류 결과 를 합치기] 을(를) 말하기▼
- [노래 제목은 : 과(와) 10대 미만 선호도 0 10대 선호도 0 60대 이상 선호도 10 의 분류 결과 를 합치기] 읽어주고 기다리기
- [3] 초 기다리기
- 말풍선 지우기

❹ 각 판단하는 숫자에 따라서 신호를 보내기 위해서 신호보내기를 연결합니다.

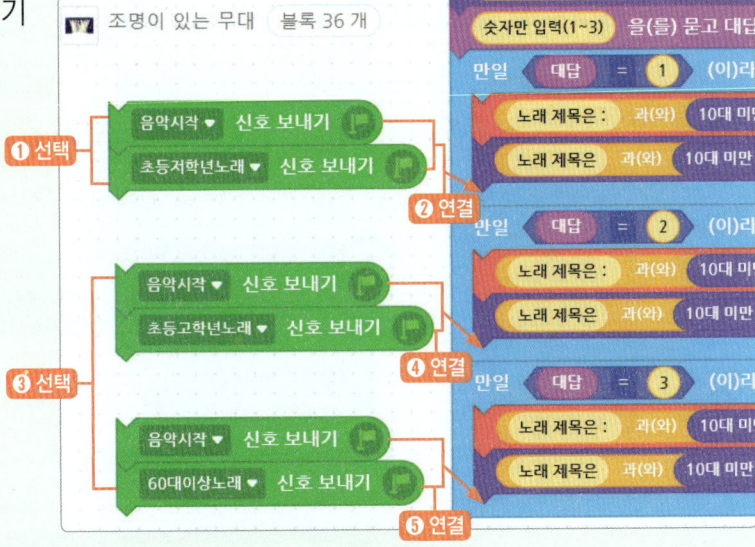

❺ '락커(2)' 오브젝트에 신호에 따른 음악을 재생하는 블록 코드를 완성합니다.

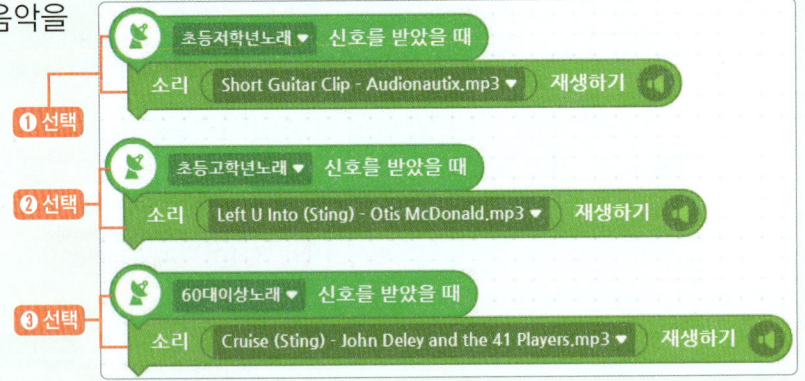

❻ '다시묻기' 글상자에 블록 코드는 '조명이 있는 무대' 오브젝트와 블록 코드가 같기 때문에 필요한 블록 코드에서 마우스 오른쪽 단추 [코드 복사]를 클릭하고 '다시묻기' 글상자에 [붙여넣기]를 클릭합니다.

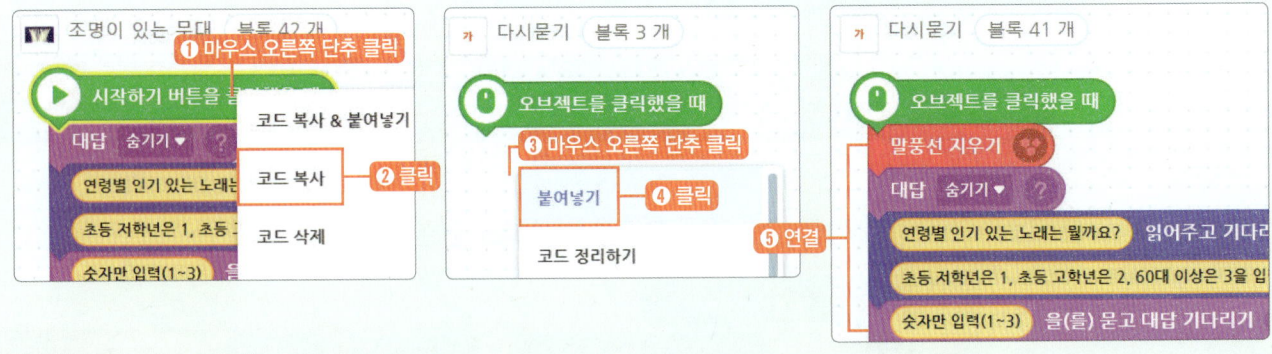

★중요★ 원래는 각각 연령별 인기 가수의 노래가 재생되어야 하지만 유튜브 무료 음원을 사용했어요. 저작권 문제 때문이지요. 그럼 저작권이 뭔지 알아볼까요?

CHAPTER 19 문제해결능력 상상에 코딩을 더해서

■ 불러올 파일 : 19장 상상 코딩.ent   ■ 완성된 파일 : 19장 상상 코딩_완성.ent

▶ **더하기 스토리** : AI가 저작권에 대한 설명을 읽어주도록 장면을 만들어 보세요.

저작권이란 그것을 만든 사람이 자신이 만든 창작물에 대한 사용 권한을 가지는 법적 권리를 말합니다. 이는 집과 자동차 같은 재산과 같아요. 그래서, 여러분들이 인터넷에 나와 있는 내용을 만든 사람에게 허락을 맡지 않고 함부로 복사해서 사용하면 법에 걸려서 큰 벌금을 물 수도 있어요.

힌트 블록

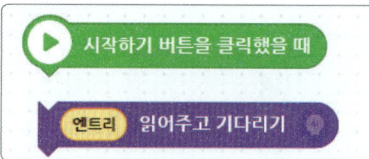

AI 깜짝 퀴즈

1. 저작권에 대해 맞는 것은 무엇일까요?

   ① 출처(어디서 가져왔는지)만 밝히면 된다.
   ② 이미지, 동영상만 저작권을 가질 수 있다.
   ③ 크리스마스 노래는 저작권이 없어 크리스마스 시즌에 백화점이나 가게에서 마음대로 틀 수 있다.
   ④ 애국가는 2005년 고 안익태 선생님의 유족이 아무 조건 없이 한국에 기증함에 따라 광고나 음반 등에도 무상으로 사용할 수 있다.

CHAPTER 20 혈액형별 성격이 다르데요. 나의 혈액형은?

■ 불러올 파일 : [20장]-나의 혈액형.ent ■ 완성된 파일 : 나의 혈액형_완성.ent

AI처럼 생각해 보기

— 준비물 : 연필

● 다음 이미지를 보고 영어 단어를 찾아보세요. 네모 칸에 있는 영어가 맞으면 '1'을 표시하고 영어 단어가 아니면 '0'을 써봅니다.

예) 트럭의 영어 단어 'TRUCK'을 확인합니다.

T	A	R	C	T	U	J	C	K
1	0	1	0	0	1	0	1	1

B	D	I	T	E	K	B	R	E

T	R	O	K	A	I	O	N	G

이런걸 배워요! — 데이터 테이블 추가와 오브젝트 이벤트 알아보기!

- 오브젝트를 클릭했을 때 관련 장면으로 연결할 수 있습니다.
- 오브젝트에 버튼을 눌렀을 때와 같은 효과를 줄 수 있습니다.

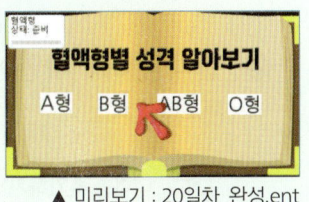

▲ 미리보기 : 20일차_완성.ent

▶ **스토리**

혈액형별로 성격이 다르데요. 나의 혈액형은 어떤 성격인지 알아보아요.

01 데이터 분석에 테이블을 추가하기

❶ 엔트리에서 불러오기( )-[오프라인 작품 불러오기]를 클릭하고 [불러올 파일]-[20장]에서 '나의 혈액형.ent' 파일을 불러옵니다.

❷ 블록 꾸러미를 선택하고 [인공지능 블록 불러오기]-[읽어주기]를 클릭한 후 <불러오기> 단추를 클릭합니다.

❸ 데이터 분석( )에서 테이블 불러오기를 합니다. 이어서 [테이블 추가하기]-[파일 올리기]를 클릭하고 <파일 선택> 단추를 클릭합니다.

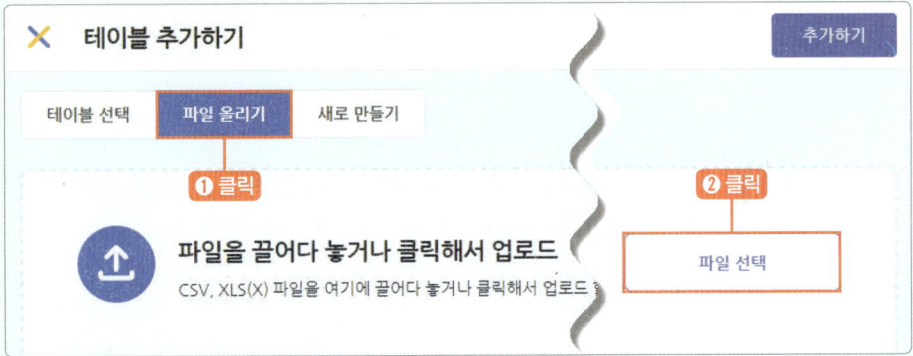

❹ [불러올 파일]-[20장]에서 '혈액형.xlsx' 파일을 클릭하고 <열기> 단추를 클릭합니다.

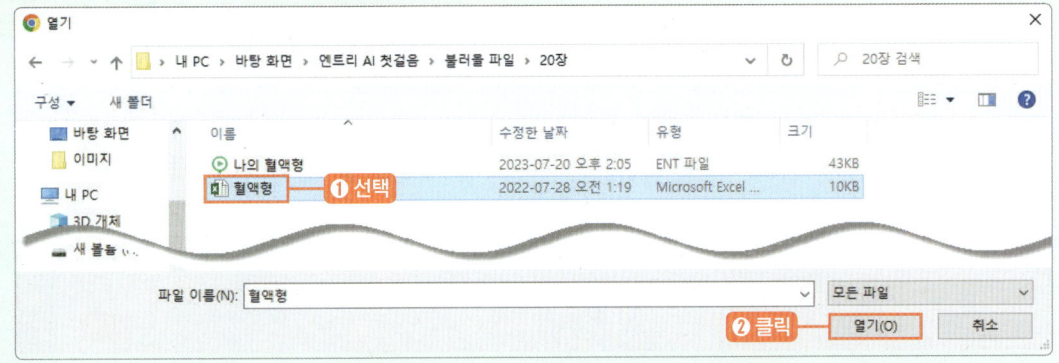

❺ '혈액형.xlsx' 파일이 추가된 부분을 확인하고 <추가하기> 단추를 클릭합니다. 이어서 <적용하기> 단추를 클릭합니다.

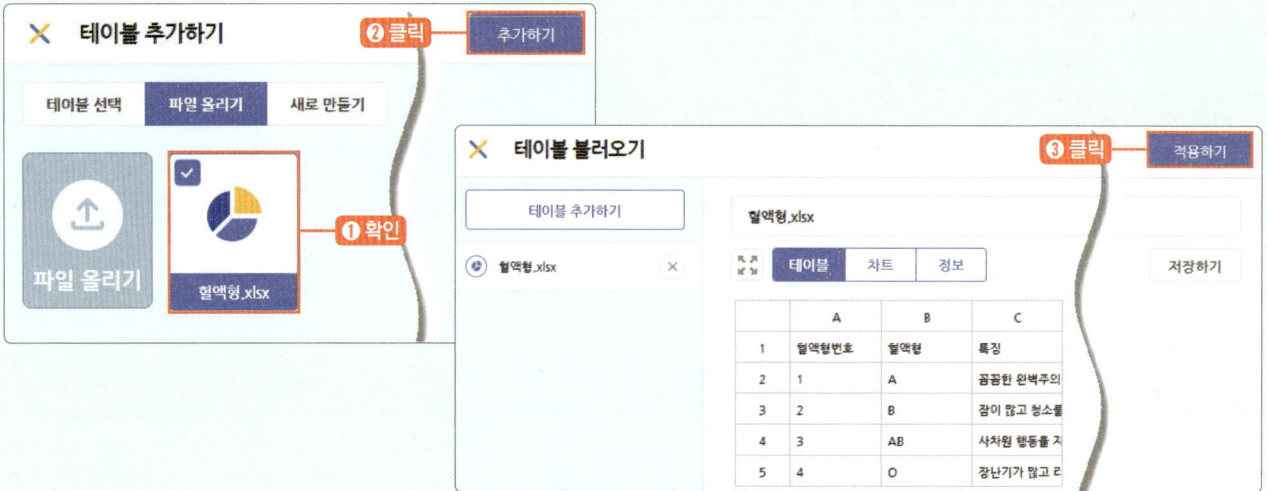

02 변수 만들고 오브젝트에 블록 코드 입력하기

❶ 혈액형의 변수를 만들기 위해서 [속성] 탭-[변수]를 클릭하고 <변수 추가하기> 단추를 클릭합니다. 이어서, 변수 이름을 입력하고 <변수 추가> 단추를 클릭합니다.

❷ '혈액형별 성격 알아보기' 글상자 오브젝트를 선택하고 블록 코드를 완성하여 봅니다.
  - 실행 화면을 깔끔하게 보이도록 변수 숨기기를 합니다.

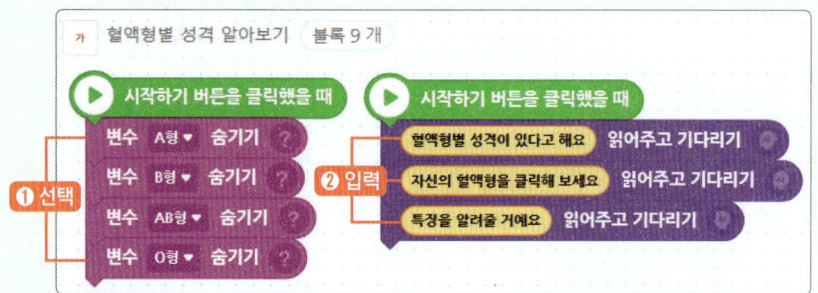

❸ '[묶음] 액체 화살표' 오브젝트를 선택하고 블록 코드를 완성하여 봅니다.

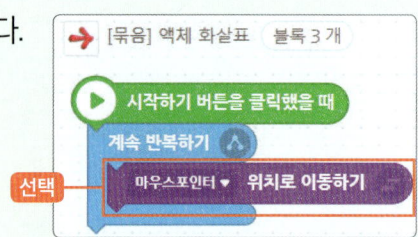

❹ 'A형' 글상자 오브젝트를 선택하고 블록 코드를 완성하여 봅니다.
  – 오브젝트를 클릭하면 작아졌다가 커지게 됩니다.

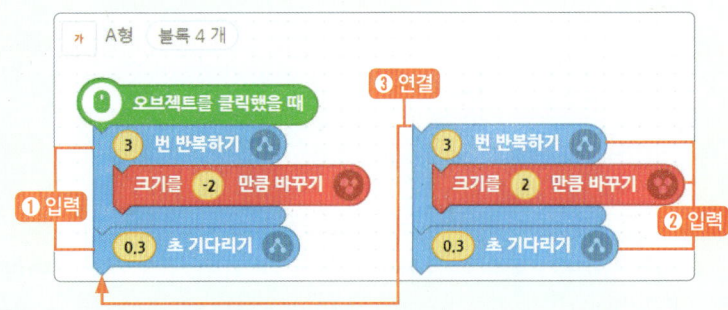

03 장면 만들기

❶ [장면 1] 탭의 오른쪽 ➕ 를 눌러 [장면 2]를 추가하고 이름을 클릭하여 "A형"으로 변경합니다.

❷ [오브젝트 추가하기]를 클릭하고 '엔트리봇 표정', '책 배경' 오브젝트를 추가합니다.

❸ '엔트리봇 표정' 오브젝트를 선택하고 블록 코드를 완성하여 봅니다.
  – '엔트리봇 표정' 오브젝트가 말하는 모양처럼

※ '혈액형.xlsx' 테이블에서 2번째 행은 A형으로 '특징'을 선택했기 때문에
A형 혈액형의 특징을 말하게 됩니다. O형 혈액형 특징을 알고 싶으면 우측의
표를 보면 5번째 행이 O형 혈액형 정보가 있는 부분입니다.

❹ 나머지 혈액형 장면을 만들기 위해서 [A형] 장면에서 마우스 오른쪽 단추를 눌러 [복제하기]를 클릭합니다. 이어서, 복제된 장면에 이름을 'B형'으로 변경합니다.

❺ 같은 방법으로 'AB형', 'O형' 장면을 만들어 줍니다.

❻ 각 장면별 '엔트리봇 표정' 오브젝트의 블록 코드를 수정합니다.

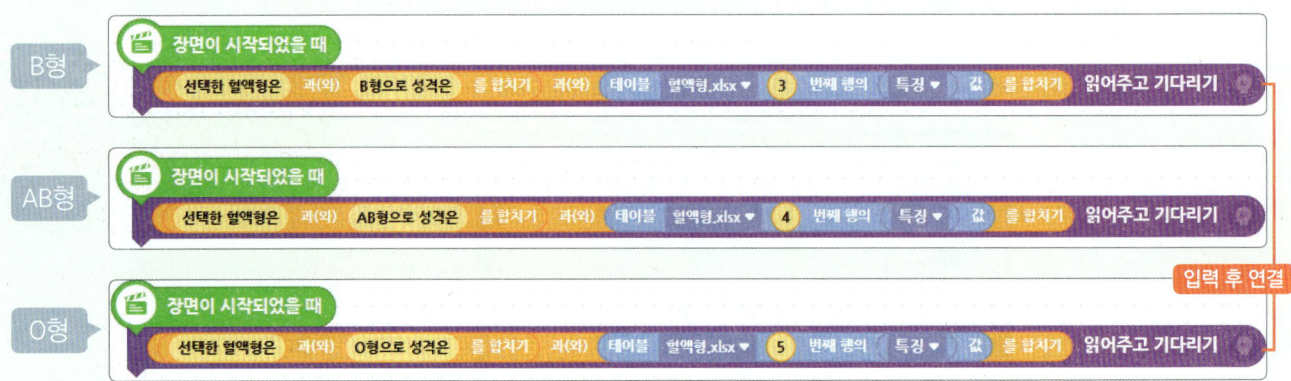

❼ [장면 1]을 선택하고 'A형' 글상자 오브젝트의 블록 코드 마지막에 장면 시작하기 블록 코드를 연결합니다. 나머지 혈액형은 블록 코드를 복사하고 혈액형 장면에 맞게 장면 시작하기를 수정합니다.

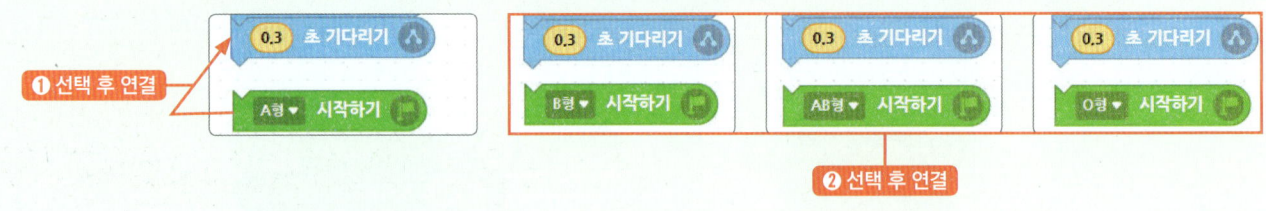

CHAPTER 20 문제해결능력 상상에 코딩을 더해서

📁 불러올 파일 : 20장 상상 코딩.ent 📁 완성된 파일 : 20장 상상 코딩_완성.ent

▶ **더하기 스토리** : 다른 혈액형에 대해 알아보아요.

HINT!

① 글상자로 다른 혈액형 알아보기를 만듭니다.
② 다른 혈액형 알아보기를 클릭했을 때 장면1로 연결합니다.
③ [장면1] 시작되었을 때 '[묶음] 액체 화살표' 오브젝트가 마우스 포인터를 따라가도록 만들어 줍니다.

AI 깜짝 퀴즈

1. 오브젝트를 클릭했을 때 다른 장면으로 이동되도록 하려면 어떤 명령어를 사용해야 할까요?

① 대상 없음 ▼ 신호 보내기   ② 오브젝트를 클릭했을 때
③ 장면 1 ▼ 시작하기   ④ q ▼ 키를 눌렀을 때

CHAPTER 21 현장체험학습을 어디로 갈까요?

■ 불러올 파일 : [21장]-현장체험학습.ent   ■ 완성된 파일 : 현장체험학습_완성.ent

AI처럼 생각해 보기

– 준비물 : 연필

● 다음 중 현장체험학습 장소를 정하기 위해서 뽑기를 하고 장소를 결정하는 것을 보고 가장 빠른 순서의 번호를 답안입력에 적어봅니다.

❶ 상자에 종이를 넣는다.

❷ 종이에 가고 싶은 현장체험학습 장소를 적는다.

❸ 학교에 모인다.

❹ 선생님께서 현장체험학습 장소를 알려준다.

❺ 선생님께서 현장체험학습 장소를 뽑고 발표한다.

❻ 장소 투표가 끝나면 선생님께서 종이를 뽑는다.

답안 입력						

이런것 배워요! 이미지 모델 학습하기 알아보기!

- 이미지 모델 학습하기 기능을 사용합니다.
- 이미지에 따라서 신호를 보내는 방법을 알아봅니다.

▲ 미리보기 : 21일차_완성.ent

▶ 스토리

오늘은 현장체험학습을 가는 날이에요. 어디로 갈지는 상자 속에서 뽑기로 정할 거예요. 과연 우리는 오늘 어디로 가게 될까요?

01 신호 만들고 블록 코드 만들기

❶ 엔트리에서 불러오기( )-[오프라인 작품 불러오기]를 클릭하고 [불러올 파일]-[21장]에서 '현장체험학습.ent' 파일을 불러옵니다.

❷ 현장체험학습으로 가야할 장소인 '경회루', '광화문', '근정전' 신호를 만들어줍니다.

❸ [블록] 탭을 클릭하고 '교문' 오브젝트를 선택한 후 블록 코드를 완성하여 봅니다.
  - 현장체험학습 장소에 따라 신호를 보내고 모양을 바꿔줍니다.

❹ 현장체험학습 장소를 정하기 위해 뽑기 신호를 만들어줍니다.
  - '뽑기전1', '뽑기전2', '뽑기전3', '뽑기전4', '뽑기후', '뽑기' 신호

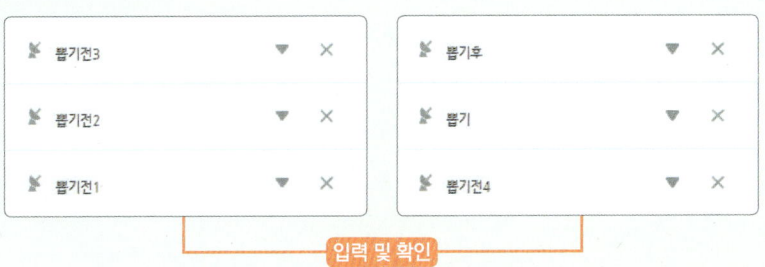

CHAPTER 21 현장체험학습을 어디로 갈까요? 147

02 신호보내기

❶ '선생님(3)' 오브젝트를 선택하고 블록 코드를 완성하여 봅니다.

❷ 학생들이 신호를 받아서 순서대로 뽑기를 하는 장면을 만들기 위해서 블록 코드를 완성하여 봅니다.
– 목소리 설정은 자유롭게 설정해 봅니다.

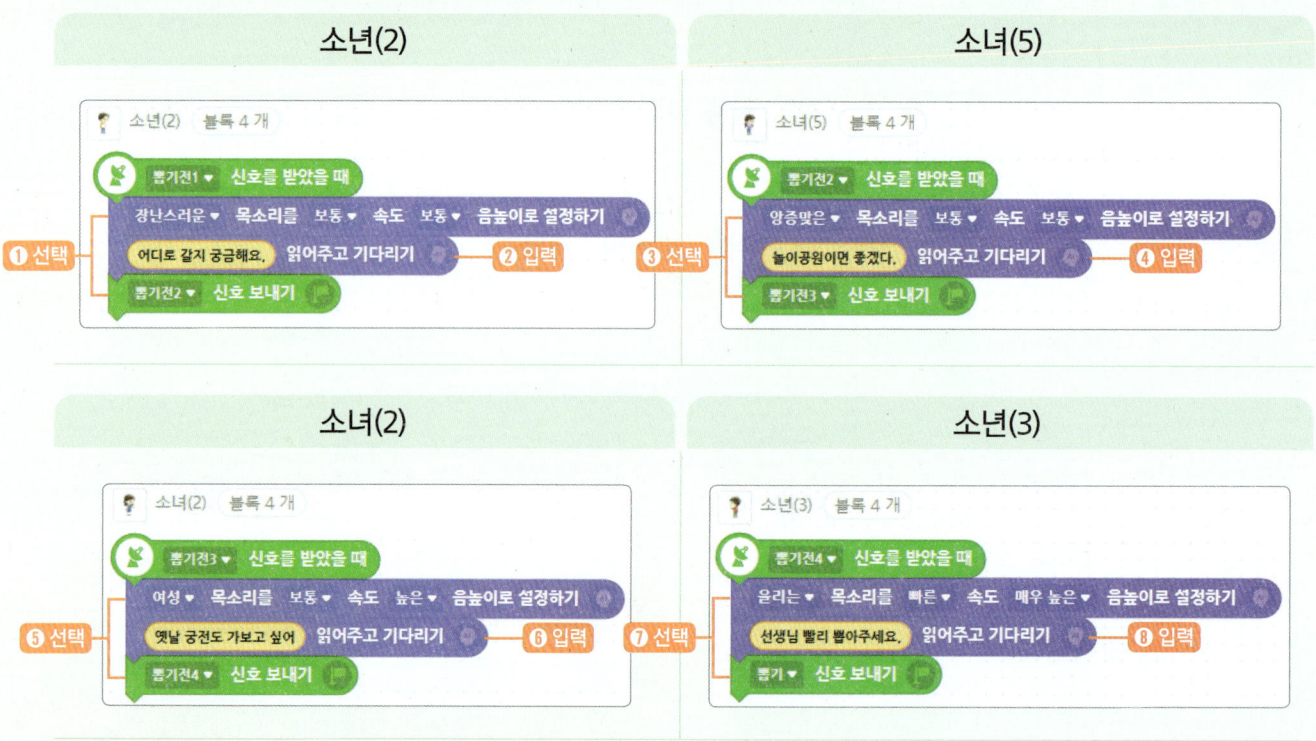

AI 깜짝 퀴즈

1. 학생들의 코드가 다 같고 신호와 말하는 내용, 목소리 설정만 달라요. 이럴 때는 어떻게 하는 게 빠르고 좋을까요?

   ① 코드복사 & 붙여넣기를 사용한다.
   ② 코드복사 후 각 오브젝트에 붙여넣기를 해서 부분 수정한다.
   ③ 코드를 오브젝트마다 매번 입력한다.
   ④ 코드 잘라내기 각 오브젝트에 붙여넣기를 해서 부분 수정한다.

03 이미지 학습하기

❶ 🧠 블록 꾸러미를 선택하고 [인공지능 모델 학습하기]-[분류: 이미지]를 클릭한 후 <학습하기> 단추를 클릭합니다.

❷ [이미지 모델 학습하기]에서 학습주제는 '현장체험학습'으로 입력하고 클래스 이름은 '경회루'을 입력합니다. 이어서, [촬영]을 선택하면 웹캠이 실행되면서 화면이 켜지게 됩니다.

❸ 촬영을 클릭해서 그린 이미지를 최소 5장 이상 찍어주세요.
   ※ 쓰기 카드는 교재 뒷 부분에 있습니다.

❹ 클래스의 수는 총 3개로 '경회루', '광화문', '근정전'입니다.
   – 클래스를 추가하려면 ➕클래스 추가하기 를 클릭합니다.

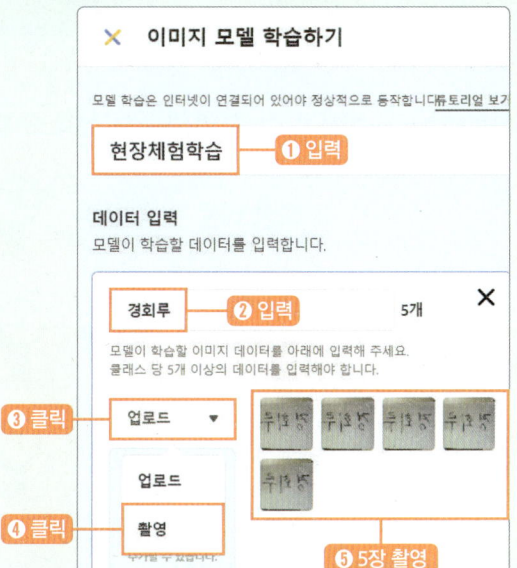 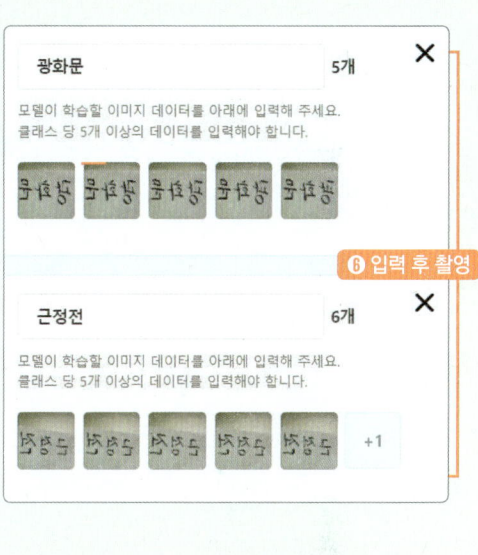

❺ 다음과 같이 모든 이미지를 AI에게 학습 후 <모델학습하기> 단추를 클릭하고 학습을 완료합니다. 결과에 [촬영]을 선택하고 글자를 촬영하면 분류한 클래스 결과가 나타납니다.

❻ 모든 학습이 완료되면 <적용하기> 단추를 클릭합니다.

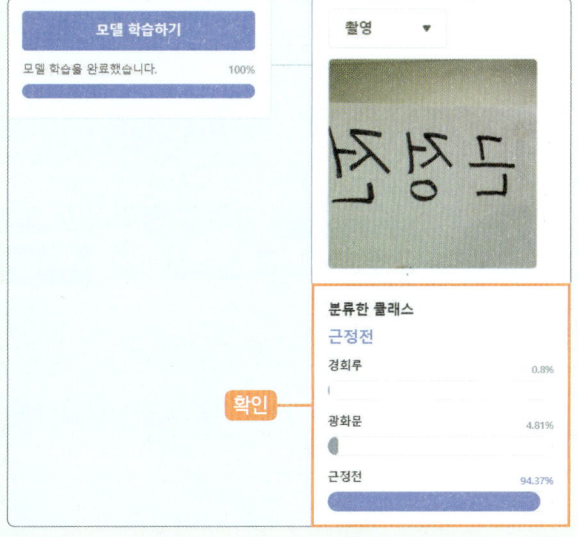

04 분류 결과에 따른 판단문 만들기

① 블록 꾸러미를 선택하고 [인공지능 블록 불러오기]를 클릭한 다음 [비디오 감지]를 선택하고 <불러오기> 단추를 클릭합니다.

② '선생님(3)' 오브젝트를 선택하고 블록 코드를 완성하여 봅니다.

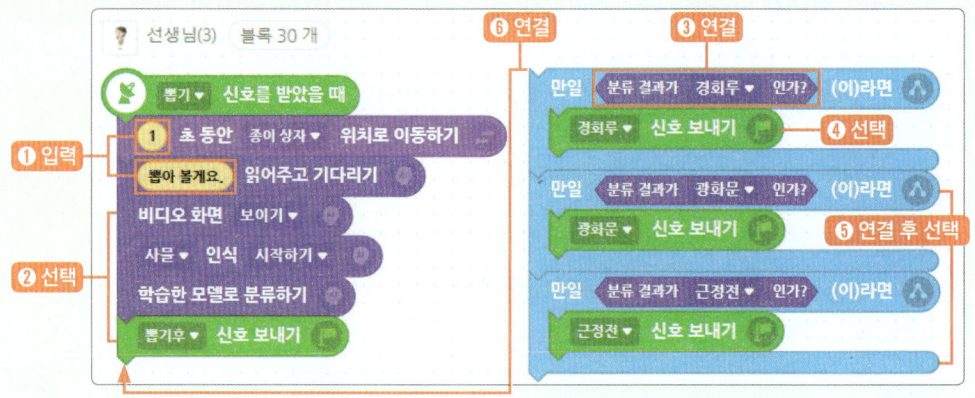

③ 입력되어 있는 코드 중 대상 없음 신호들을 장소에 따라 설명해주는 신호로 변경해 줍니다.

대상 없음 → 경회루
대상 없음 → 광화문
대상 없음 → 근정전

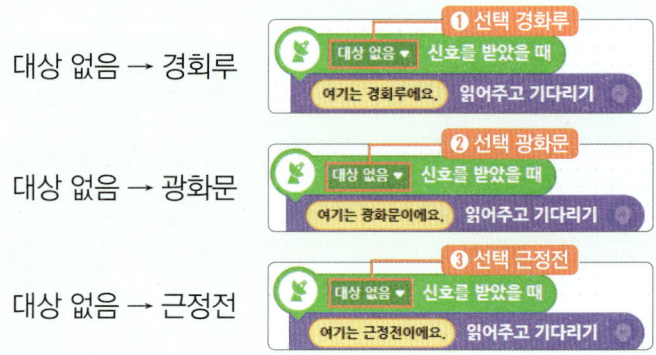

④ '종이 상자' 오브젝트를 선택하고 블록 코드를 완성하여 봅니다.

⑤ <시작하기> 단추를 클릭하고 데이터 입력 대화상자에서 '촬영'을 선택하고 글자를 쓴 카드를 카메라에 보여지도록 선택한 다음 📷 단추를 클릭 후 <적용하기> 단추를 클릭하면 결과를 확인할 수 있습니다.

TIP
교재의 완성 파일은 [업로드]를 이용한 이미지 파일을 사용했습니다.

150 엔트리로 배우는 AI 첫걸음

CHAPTER 21  상상에 코딩을 더해서

■ 불러올 파일 : 21장 상상 코딩.ent   ■ 완성된 파일 : 21장 상상 코딩_완성.ent

▶ **더하기 스토리** : 학생들의 목소리를 변조하거나 말을 추가하거나 내용을 바꿔서 입력해 보세요.

▶ **더하기 스토리2** : 신호를 추가해서 현장체험학습의 장소가 변경되면 학생들이 말을 하도록 코드를 입력해 보세요.

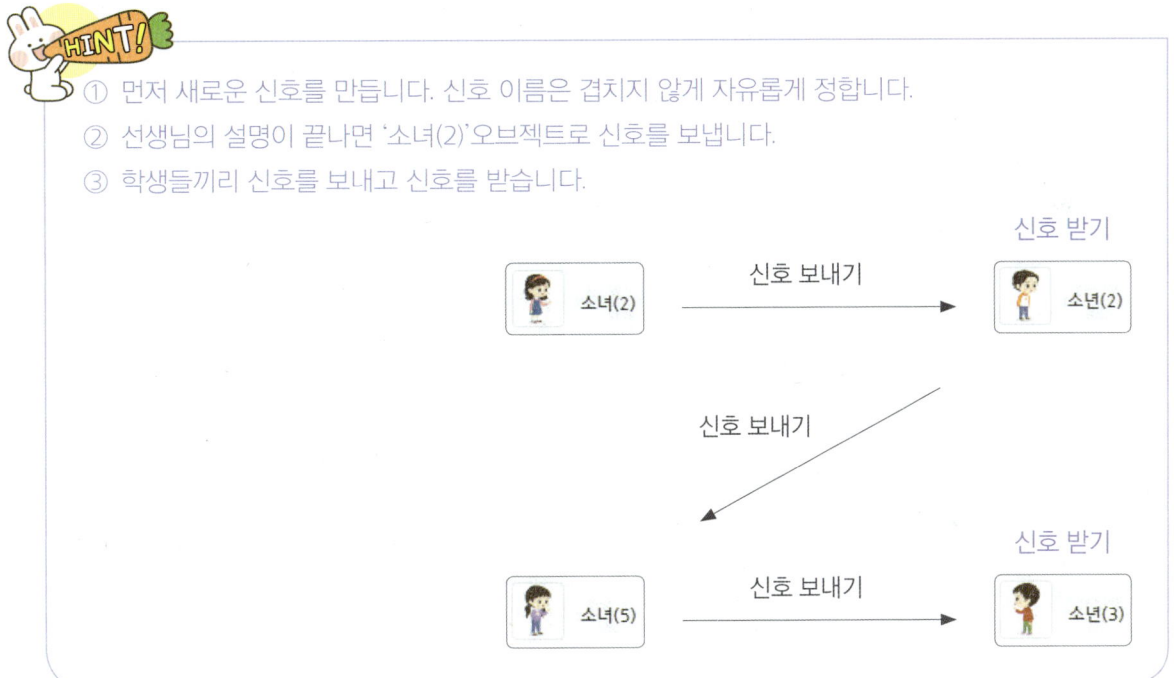

① 먼저 새로운 신호를 만듭니다. 신호 이름은 겹치지 않게 자유롭게 정합니다.
② 선생님의 설명이 끝나면 '소녀(2)'오브젝트로 신호를 보냅니다.
③ 학생들끼리 신호를 보내고 신호를 받습니다.

CHAPTER 22

북극곰을 지켜주세요.

📘 불러올 파일 : [22장]-북극곰.ent   📘 완성된 파일 : 북극곰_완성.ent

AI처럼 생각해 보기

— 준비물 : 연필

- 원숭이가 딸기를 찾아가는 방법이 두 가지가 있습니다. 첫 번째 이동하는 칸의 수와 두 번째 이동하는 칸의 수를 써보세요. 그리고 딸기를 만날 수 있는 가장 빠른 길을 필기도구로 그려보세요.

※ 원숭이는 흰색 칸으로만 이동이 가능합니다. 이동하는 칸의 수는 원숭이를 기준으로 시작합니다.

첫 번째 찾아가는 칸의 수		두 번째 찾아가는 칸의 수	

이런걸 배워요! 인터넷 검색과 데이터 학습하기!

- 기상청을 통해 지구 온난화에 대해 검색하고 그에 대한 정보를 알 수 있습니다.

▲ 미리보기 : 22일차_완성.ent

▶ 스토리

지구 온난화로 북극의 얼음이 녹고 있는데요. 북극곰이 살아갈 수 있는 환경이 힘들어져 북극곰의 수가 점점 줄어들고 있는데요. 여러분이 환경오염을 줄여 지구 온난화를 막고 북극곰을 지켜주세요.

01 기상청에서 지구온난화 검색하기

① 검색창에 기상청 지구온난화로 검색합니다. 검색된 자료중 가장 첫 번째 기상청 – 어린이 기상교실을 클릭합니다.

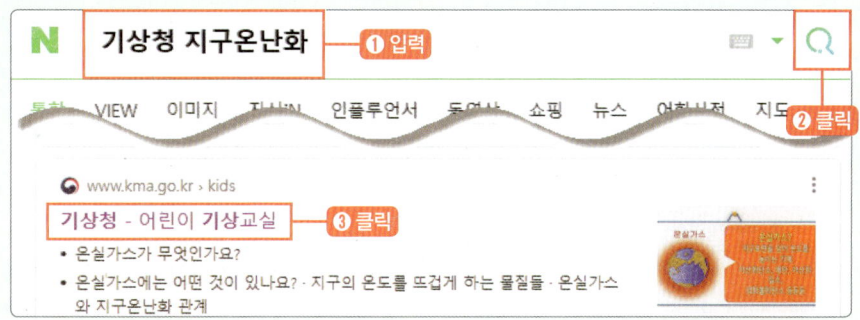

② 기상청 첫 페이지에서 오른쪽 중간에 기후변화를 클릭합니다.

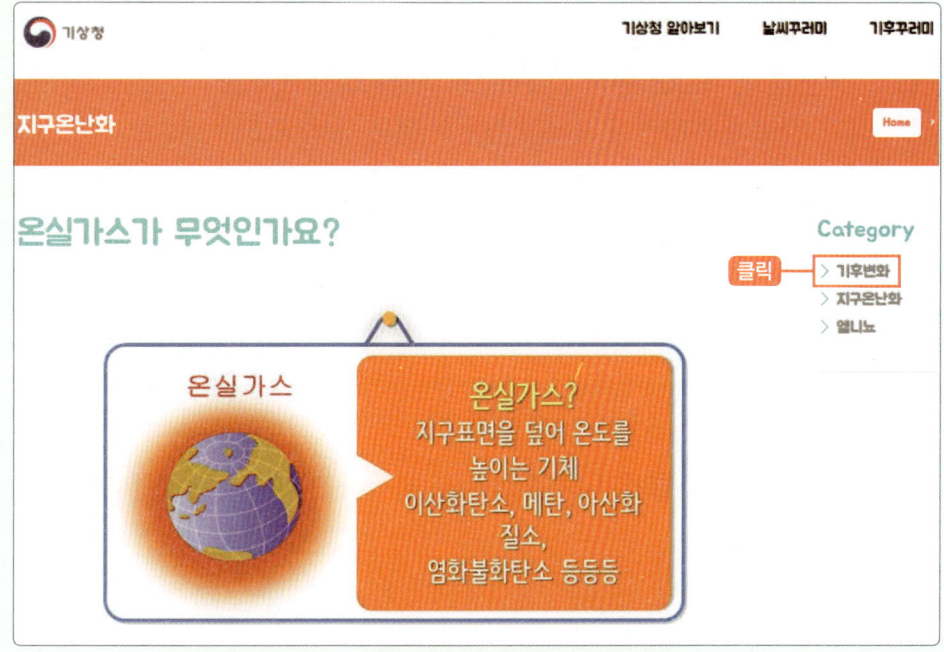

CHAPTER 22 북극곰을 지켜주세요. **153**

❸ 기후 변이에 대한 정보를 검색합니다. 화면을 아래로 내리다 보면 우리나라의 기온 상승에 대한 자세한 그림과 설명이 나와 있습니다.

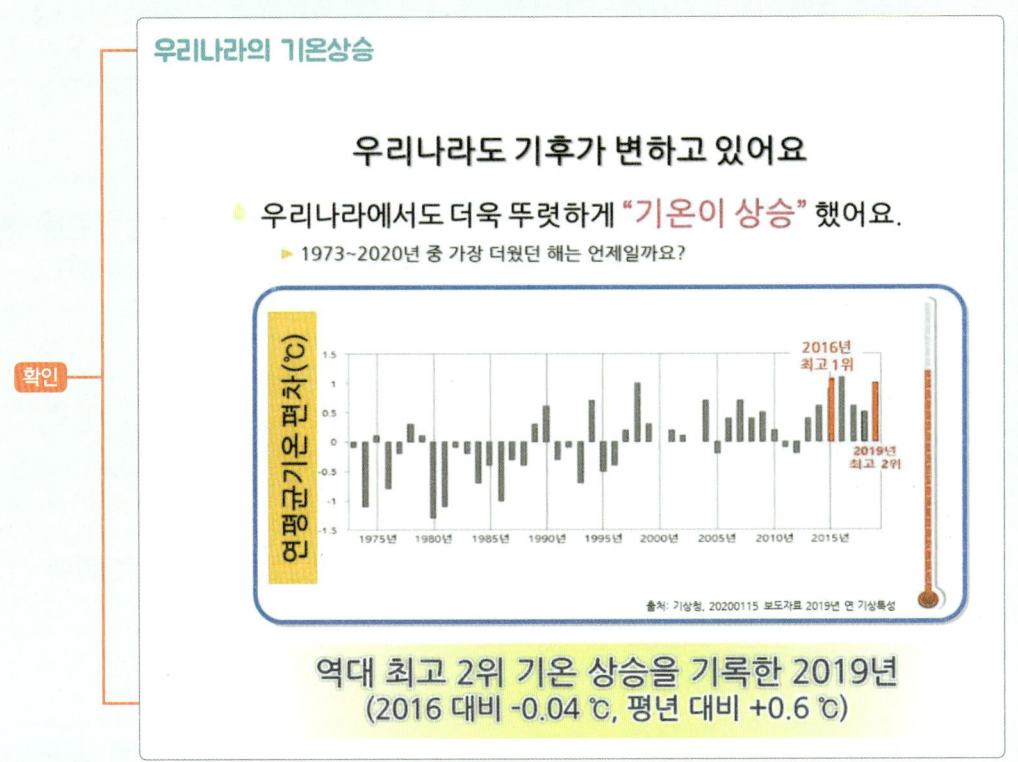

❹ [불러올 파일]-[22장]에서 '지구온난화.xlsx' 파일을 더블클릭하여 불러옵니다.

❺ 기본으로 입력되어 있는 내용에 데이터를 추가 입력합니다. 정보에 의하면 우리나라 기온이 평년 대비 0.6℃씩 + 올라가고 있다고 나와 있습니다.

	A	B	C	D
1	년도	온도	북극빙하 면적감소	
2	2016	-0.04	1	
3	2017	0.56	2	
4	2018	1.16	3	
5	2019	1.76	4	
6	2020	2.36	5	
7	2021	2.96	6	
8	2022	3.56	7	
9				
10				

❻ 입력이 완료되면 [파일]-[저장하기]를 클릭하고 엑셀을 종료합니다.

02 테이블 추가하기

① 엔트리에서 불러오기-[오프라인 작품 불러오기]를 클릭하고 [불러올 파일]-[22장]에서 '북극곰.ent' 파일을 불러옵니다. 이어서, 데이터 분석-[테이블 불러오기]-[테이블 추가하기]-[파일 올리기]를 클릭하고 <파일 선택> 단추를 클릭합니다.

② [불러올 파일]-[22장]에서 '지구온난화.xlsx' 파일을 클릭하고 <열기> 단추를 클릭합니다.

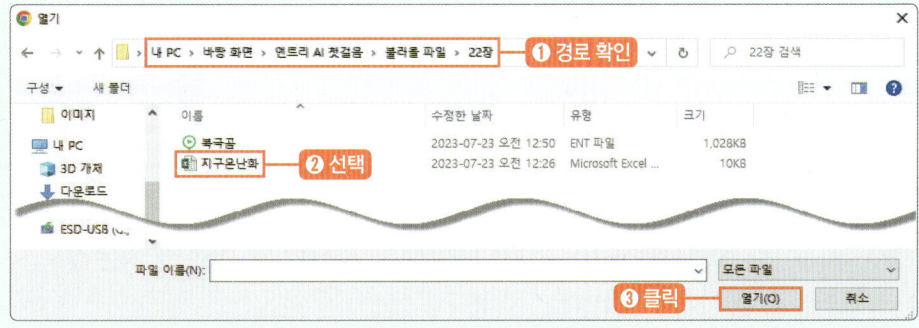

③ '지구온난화.xlsx' 파일이 추가된 부분을 확인하고 <추가하기> 단추를 클릭합니다. 이어서, 차트를 클릭하고 +표시를 선택 후 막대 바 그래프를 클릭합니다.

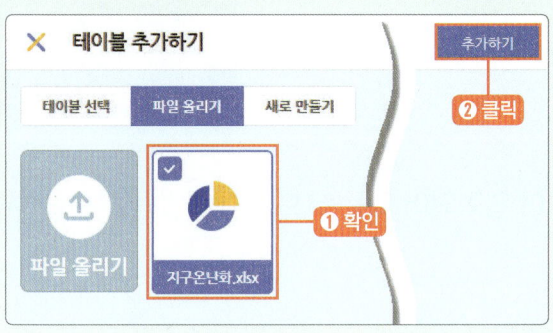
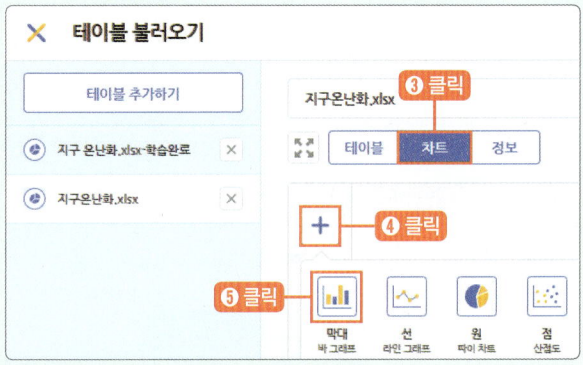

④ 차트 만들기에서 가로축 '년도'를 선택하고 계열 '온도'를 체크하고 <저장하기>-<확인> 단추를 클릭합니다. 이어서, <적용하기> 단추를 클릭합니다.

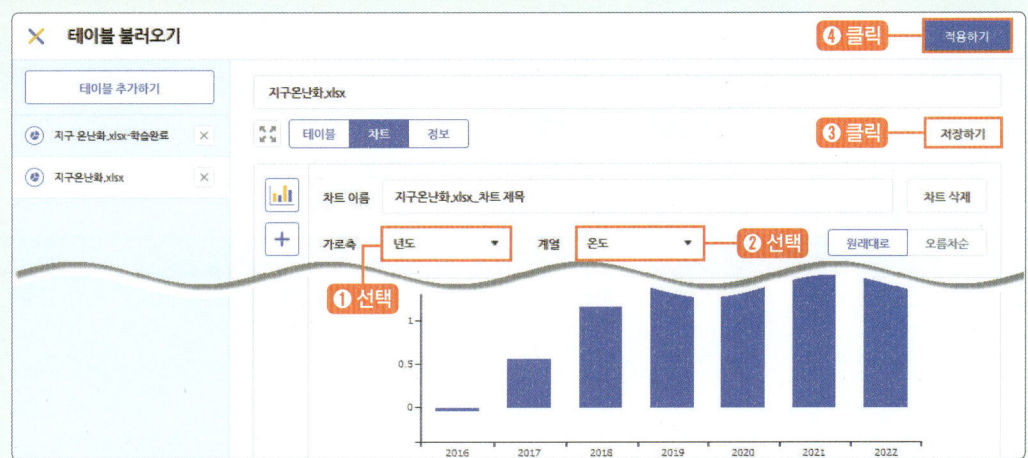

03 오브젝트에 블록 코드 만들기

❶ '지구 온난화와 북극곰' 글상자 오브젝트를 선택하고 블록 코드를 완성하여 봅니다.

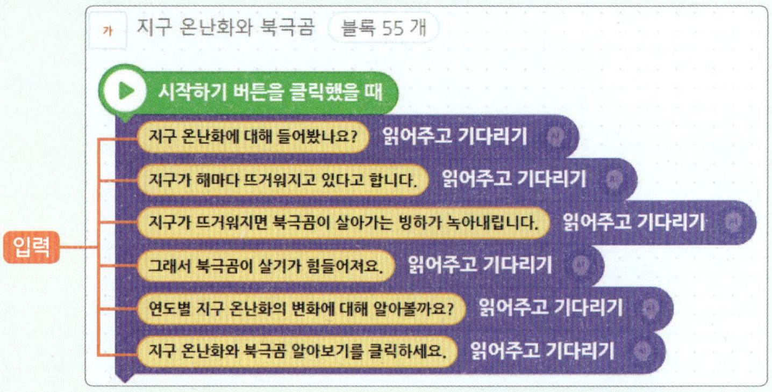

❷ '지구 온난화와 북극곰' 글상자 오브젝트 시작할 때 변수의 기본값과 변수 숨기기를 합니다.

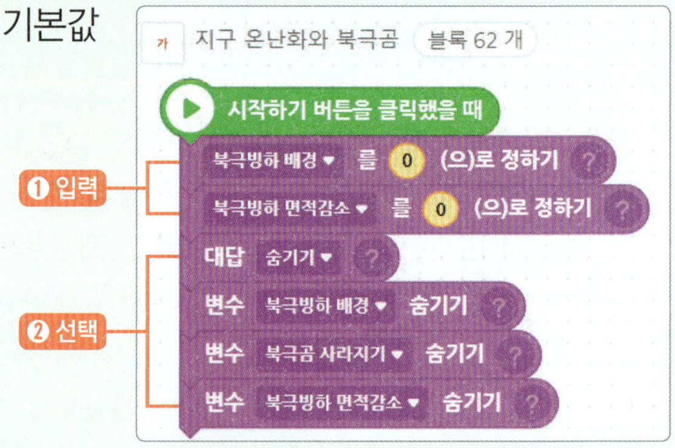

❸ '지구 온난화와 북극곰' 글상자 오브젝트에 이미 입력되어 있는 코드에 대상없음 부분을 수정해 줍니다.

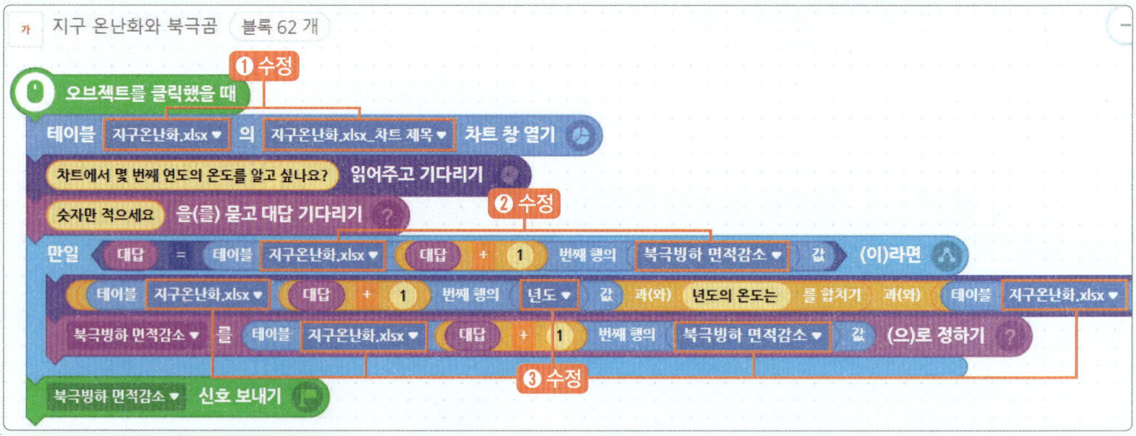

– 6번째 줄 코드 뒷부분 수정(제일 긴 코드)

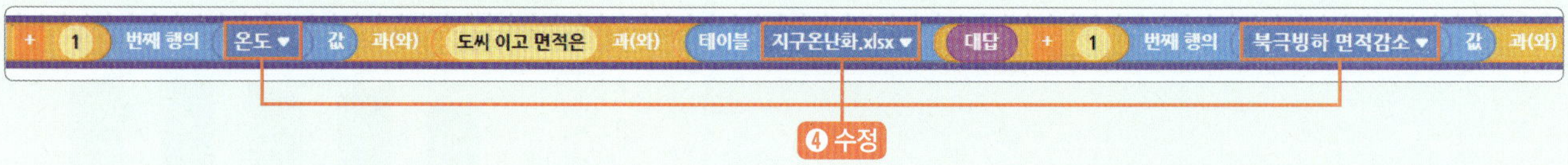

156 엔트리로 배우는 AI 첫걸음

❹ '남극배경' 오브젝트를 선택하고 블록 코드를 완성하여 봅니다.

❺ '북극곰1' 오브젝트는 시작하면 모양을 보이도록 합니다.
- 모든 북극곰은 시작 시 모양이 보입니다. '북극곰2' ~ '북극곰10' 코드 복사 활용

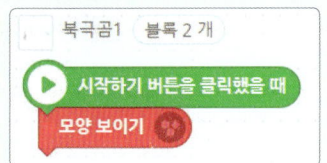

❻ 북극곰 오브젝트는 자기 번호 신호를 받으면 모양을 숨기도록 합니다.
- '북극곰2' ~ '북극곰10' 오브젝트도 자신의 신호 번호에 맞게 숨기기를 합니다.
- 북극곰이 북극빙하 면적감소값에 따라 점점 사라집니다. 면적감소값 만큼 북극곰 신호를 보냅니다.

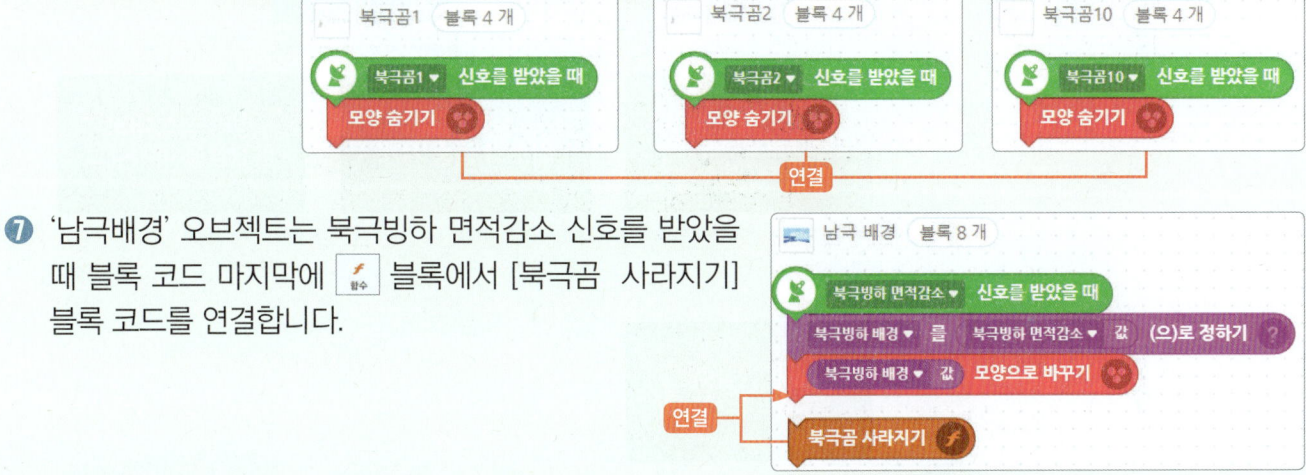

❼ '남극배경' 오브젝트는 북극빙하 면적감소 신호를 받았을 때 블록 코드 마지막에 [함수] 블록에서 [북극곰 사라지기] 블록 코드를 연결합니다.

❽ [▶ 시작하기] 단추를 클릭하고 글상자 오브젝트를 클릭하면 차트가 나오게 됩니다. 이어서, 기온을 확인하고 차트를 닫은 다음 막대의 번호(1~7)를 입력하면 결과가 나옵니다.

CHAPTER 22 북극곰을 지켜주세요. **157**

CHAPTER 22 문제해결능력 상상에 코딩을 더해서

■ 불러올 파일 : 없음   ■ 완성된 파일 : 없음

▶ **더하기 스토리** : 어린이 기상교실에서 더 많은 내용을 알아보아요.

■ 기상청 알아보기 메뉴에서 역사 영상을 시청해 보세요.

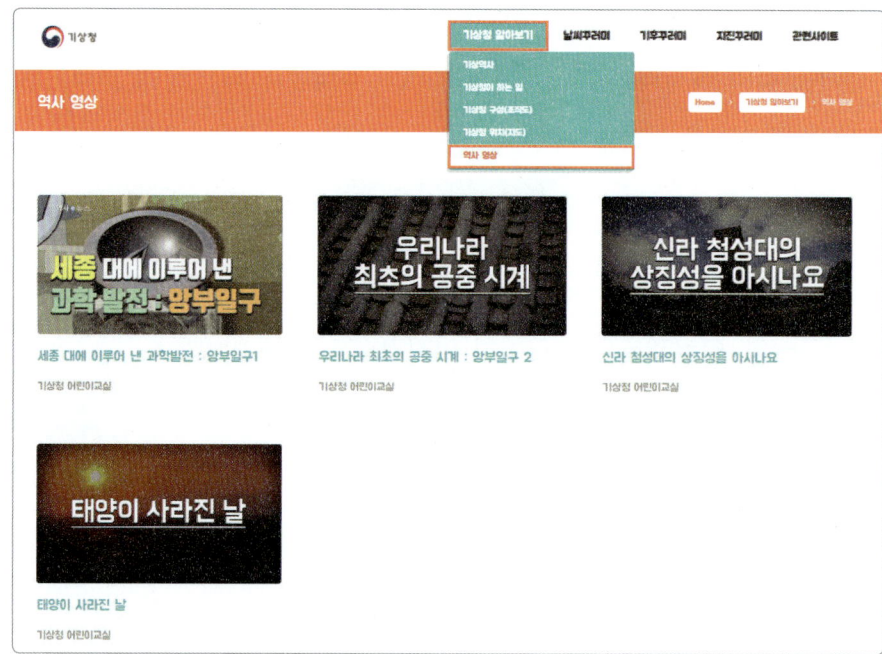

■ 기후꾸러미 메뉴의 기후영상에서 초등학생용 기후변화 교육영상을 시청해 보세요.

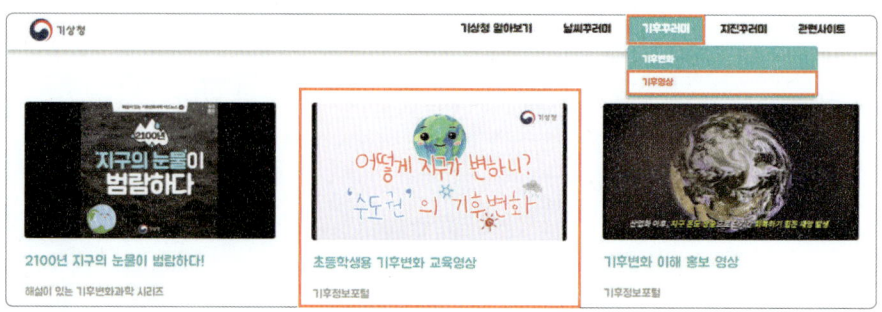

■ 시청한 영상 중 하나를 선택해 나의 느낀 점을 적어보세요.

CHAPTER 23 만약 ~ 인기라면

■ 불러올 파일 : [23장]-인기라면.ent   ■ 완성된 파일 : 인기라면_완성.ent

AI처럼 생각해 보기

– 준비물 : 연필

- 아래 네모칸에 과일들이 있습니다. 각 과일의 위치를 X축과 Y축의 값을 보고 써봅니다.
  - 화살표 표시로 이동한 과일은 도착 지점의 좌표를 써봅니다.

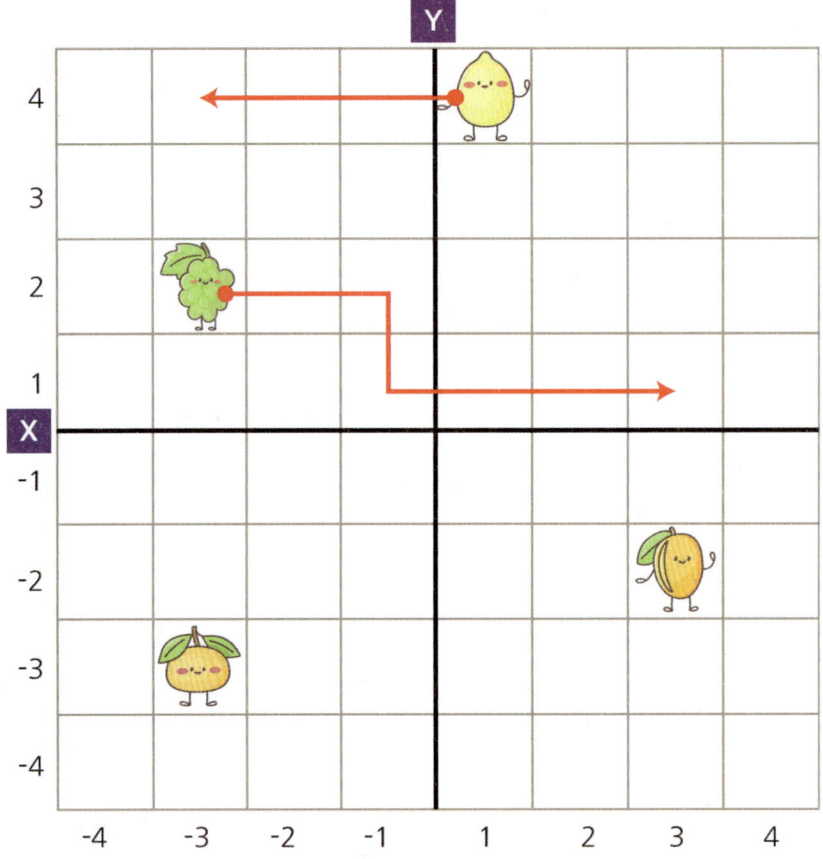

🍊	(X: , Y:)	🥭	(X: , Y:)
🍋	(X: , Y:)	🍇	(X: , Y:)

이런걸 배워요! → 인터넷 검색과 데이터 학습하기!

- 검색 사이트에서 내가 원하는 자료를 검색할 수 있습니다.
- 검색한 데이터를 테이블 자료로 만들 수 있습니다.

▲ 미리보기 : 23일차_완성.ent

▶ **스토리**

실시간 10대 초등학생 ~ 고등학생들한테 인기 있는 라면의 순위를 검색해 보고 그 데이터 내용을 바탕으로 맛있는 라면을 끓여보아요.

01 데이터 검색하기

❶ 검색창에 네이버 데이터랩을 검색합니다. 검색된 네이버 데이터랩을 클릭합니다.

❷ 네이버 데이터랩에서 '쇼핑인사이트'를 클릭하고 분야 '식품'-'라면/면류'를 선택 후 기간은 '1개월', 기기별 '전체', 성별 '전체', 연령 '10대' 순서로 클릭하고 [조회하기]를 클릭합니다.

– 조회된 라면 순위를 확인합니다.(조회 날짜에 따라서 라면 순위는 다를 수 있습니다.)

CHAPTER 23 만약 ~인기라면 **161**

02 데이터 테이블 만들기

❶ [불러올 파일]-[23장]에서 '인기라면순위.xlsx' 파일을 더블클릭하여 불러옵니다.

❷ 검색된 라면/면류의 인기 검색어를 입력하려는 칸을 클릭한 후 내용을 입력합니다.

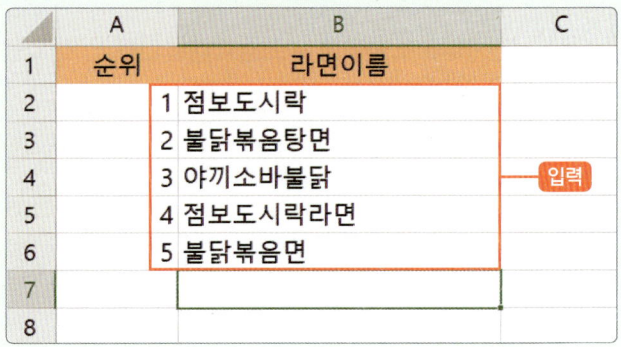

❸ 입력이 완료되면 [파일]-[저장하기]를 클릭하고 엑셀을 종료합니다.

❹ 엔트리에서 불러오기-[오프라인 작품 불러오기]를 클릭하고 [불러올 파일]-[23장]에서 '인기라면.ent' 파일을 불러옵니다. 이어서, 데이터 분석( )에서 테이블 불러오기를 한 다음 [테이블 추가하기]-[파일 올리기]를 클릭하고 <파일 선택> 단추를 클릭합니다.

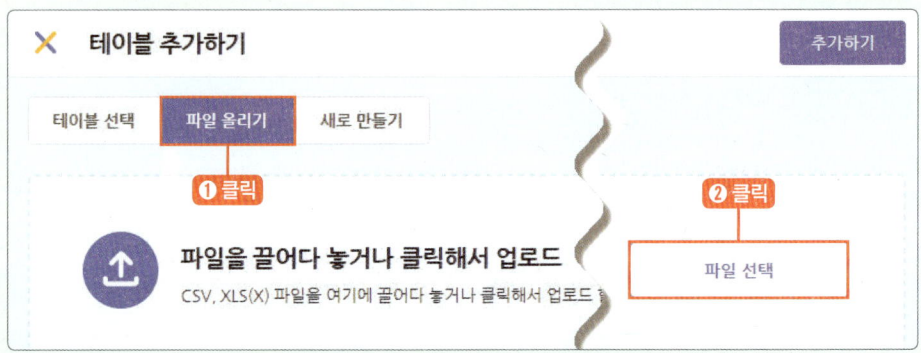

❺ [불러올 파일]-[23장]에서 '인기라면순위.xlsx' 파일을 클릭하고 <열기> 단추를 클릭합니다.

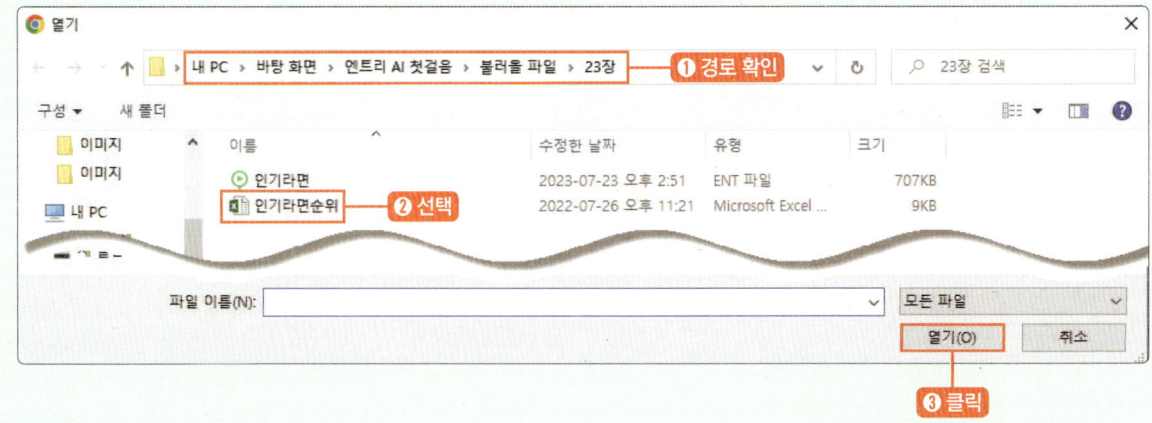

❻ '인기라면순위.xlsx' 파일이 추가된 부분을 확인하고 <추가하기> 단추를 클릭합니다. 이어서 <적용하기> 단추를 클릭합니다.

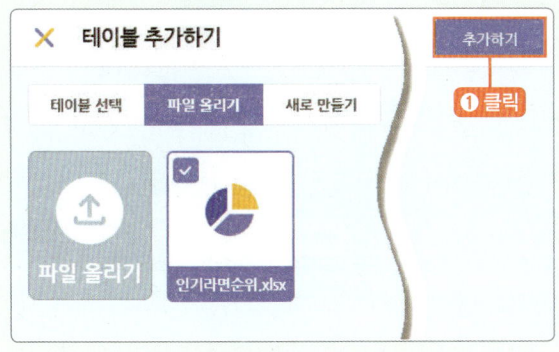
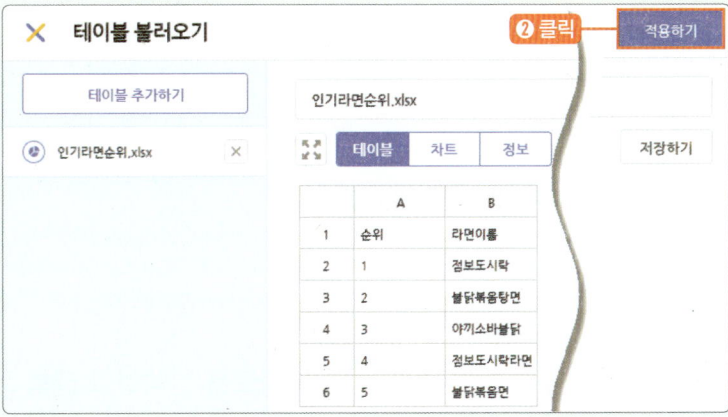

03 오브젝트에 블록 코드 만들기

❶ '봉지라면' 오브젝트를 선택하고 블록 코드를 완성하여 봅니다.
– 봉지라면을 움직이고 라면끓이기 신호를 보내줍니다.

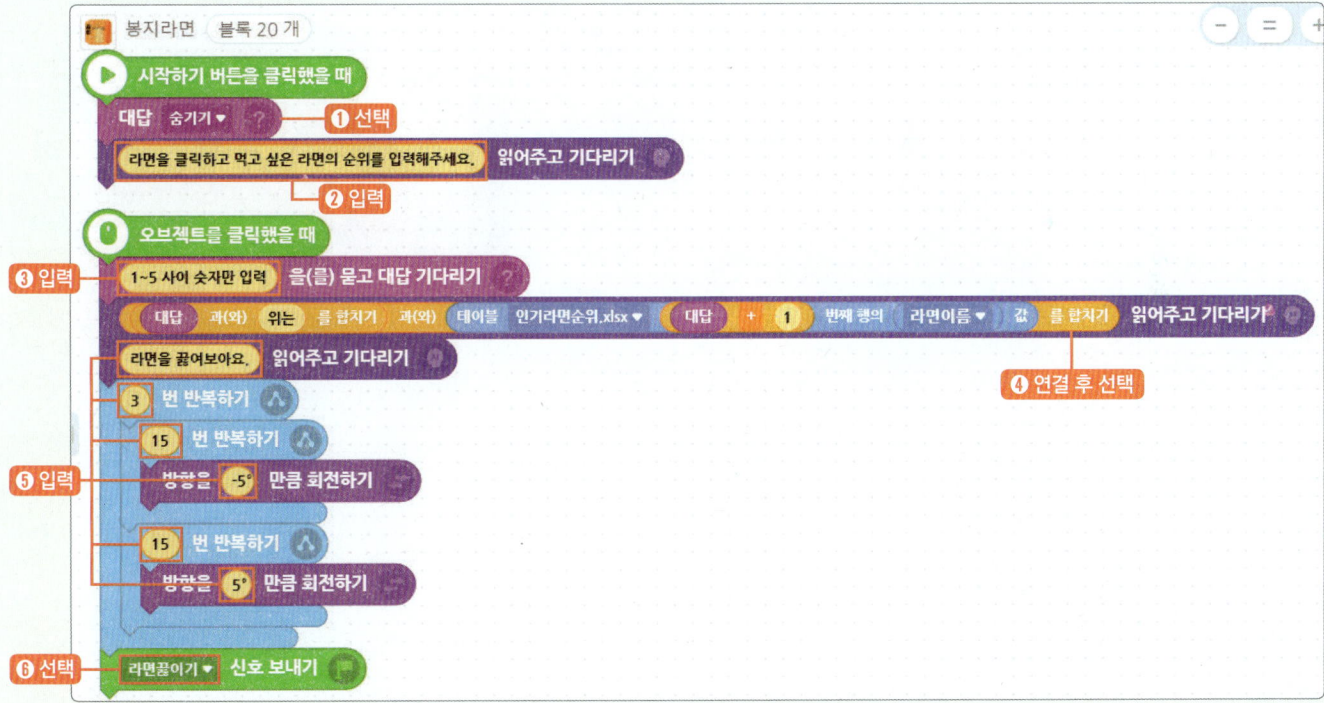

★중요★ 라면의 수프와 면을 털어 넣는 효과를 주기 위해 **라면을 왼쪽 아래 방향으로 회전했다가 다시 원래 위치로 왔다가**를 반복합니다. 이때, 라면이 왼쪽으로 회전해야 하기 때문에 +(빼기)를 해주고 다시 원래 위치로 오기 위해 더하기를 해 줘야 합니다. +(더하기)는 생략하기 때문에 숫자만 써줍니다.

❷ '빨간 냄비' 오브젝트를 선택하고 블록 코드를 완성하여 봅니다.
– 라면을 끓이고 다음 장면으로 넘어갑니다.

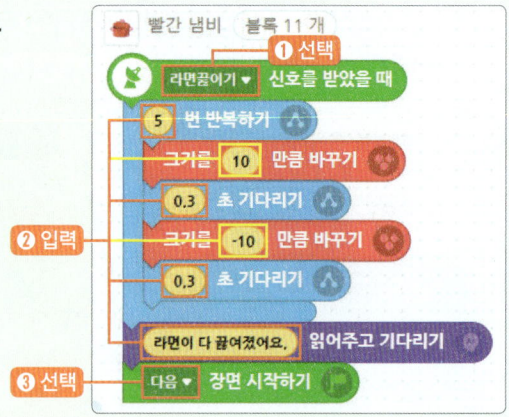

❸ [장면 2]를 클릭하고 '라면' 오브젝트를 선택하고 블록 코드를 완성하여 봅니다.

❹ ▶ 시작하기 단추를 클릭하고 '봉지라면' 오브젝트를 클릭 후 인기라면 순위의 번호를 입력합니다. 인기라면 순위에 맞게 읽어주기를 듣고 확인을 합니다.

CHAPTER 23 상상에 코딩을 더해서

■ 불러올 파일 : 없음   ■ 완성된 파일 : 없음

▶ **더하기 스토리** : 네이버 데이터 랩에서 궁금한 분야를 더 검색해 보세요.

- 네이버 데이터 랩을 검색합니다.
- 원하는 분야의 인기 검색어를 검색합니다.

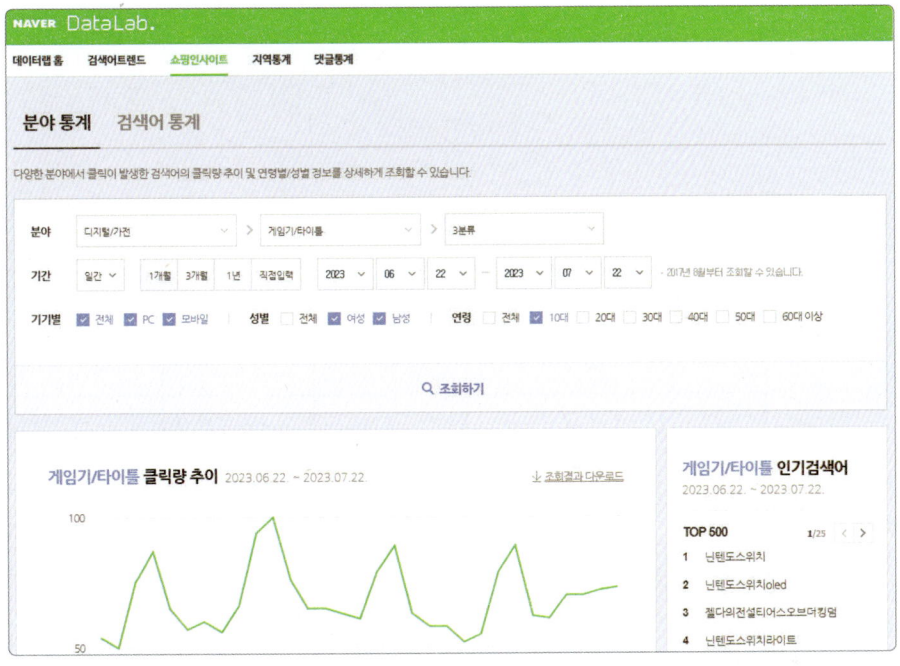

① 쇼핑인사이트를 클릭합니다.
② 분야의 1단계 목록에서 궁금한 분야를 선택합니다.(예 : 디지털/가전)
③ 분야의 2단계 목록에서 궁금한 분야를 선택합니다.(예 : 게임기/타이틀)
④ 기간에서 개월수를 선택합니다. 1개월, 3개월, 1년 또는 알고 싶은 기간을 직접 정할 수도 있습니다.
⑤ 기기별에서 전체 또는 알고 싶은 기기 앞에 ロ칸을 클릭하여 체크합니다.
⑥ 성별에서 전체 또는 알고 싶은 성별 앞에 ロ칸을 클릭하여 체크합니다.
⑦ 연령에서 전체 또는 알고 싶은 나이대별 앞에 ロ칸을 클릭하여 체크합니다.
⑧ 조회하기를 클릭합니다.
⑨ 아래 조회 된 데이터의 그래프와 인기 검색어가 순위별로 나타납니다.

CHAPTER 24 우리나라에도 화산이?

■ 불러올 파일 : [24장]-화산활동.ent   ■ 완성된 파일 : 화산활동_완성.ent

AI처럼 생각해 보기

- 준비물 : 연필, 색연필

● 아래 네모칸의 숫자를 이용하여 색을 표시했습니다. 색을 표시하지 않은 숫자의 네모칸을 칠 또는 표시하면서 전체 네모칸을 다 채워봅니다.

3					4
		3	6		
		12			
3				2	
3			2	2	2

이런 걸 배워요! → 인터넷 검색과 데이터 학습하기!

- 기상청 사이트에서 내가 원하는 자료를 검색할 수 있습니다.
- 오브젝트가 포물선을 그리며 날아갈 수 있습니다.

▲ 미리보기 : 24일차_완성.ent

▶ 스토리

우리나라에도 활화산이 있어요. 지금은 휴식기를 갖고 있는 휴화산이지만 전문가들은 언제 다시 화산 활동을 할지 모른다고 해요. 과거 언제 화산이 몇 번이나 발생했는지 알아보아요.

01 데이터 검색하기

❶ 검색창에 기상청을 검색합니다. 검색된 기상청 날씨누리를 클릭합니다.

❷ 기상청에서 왼쪽 '지진, 화산'을 클릭하고 '화산'-'과거 화산 사례'를 클릭합니다. 이어서, 오른쪽에 시기별 국내지진 발생 횟수 및 분화연도에 대한 내용이 나옵니다.

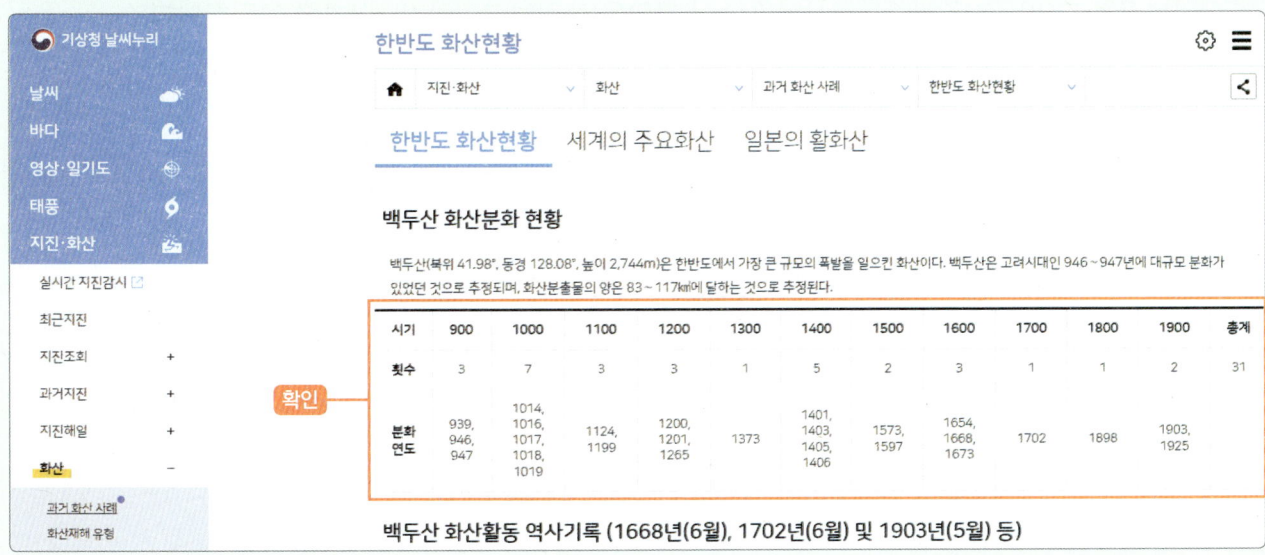

❸ 화면 아래 나와 있는 백두산 및 한반도 화산 현황에 대해서도 알아봅니다.

2000년대 이후 백두산 화산활동 (2002년부터 2006년까지 화산 활동 현상 관측)

- ◇ 2003.6월부터 미소지진발생 급증하여 2006년까지 이어짐
- ◇ 화산가스 일부 분출로 인한 식생의 고사현상이 육안으로 확인 가능
- ◇ 화산사면의 경사 증가 : 년 3mm 정도 지표 상승
- ※ 행정안전부「화산재 피해경감 종합대책」발췌

한반도 화산현황

 백두산   한반도에서 제일 높은 산으로 높이는 2,744m이고 산꼭대기는 종상화산, 그 주변은 순상화산으로 형성되어 있으며, 산 정상에는 함몰로 생긴 칼데라인 천지가 있다.

 한라산   약 180만년 전부터 화산활동으로 만들어진 화산으로 높이는 1,950m이며, 산꼭대기는 종상화산, 그 주변은 순상화산으로 되어있다. 산 정상에는 화구호 백록담이 있다. 주변에는 해안까지 흘러내린 용암이 만든 만장굴, 협제굴 등 용암굴과 천지연, 천제연 등 해안폭포가 있다.

 울릉도   수심 2,000m 바다에서 용암이 분출하여 해발 984m까지 솟은 큰 화산섬으로 전체가 하나의 화산체여서 경사가 급한 것이 특징이다. 중앙에는 칼데라가 있고 그 안에 알봉이라는 또 하나의 화산이 형성되어 있는 이중화산이다.

02 데이터 분석에 테이블을 추가하기

❶ 엔트리에서 불러오기-[오프라인 작품 불러오기]를 클릭하고 [불러올 파일]-[24장]에서 '화산활동.ent' 파일을 불러옵니다. 이어서, 데이터 분석(데이터분석)에서 테이블 불러오기를 한 다음 [테이블 추가하기]-[파일 올리기]를 클릭하고 <파일 선택> 단추를 클릭합니다.

❷ [불러올 파일]-[24장]에서 '화산현황.xlsx' 파일을 클릭하고 <열기> 단추를 클릭합니다.

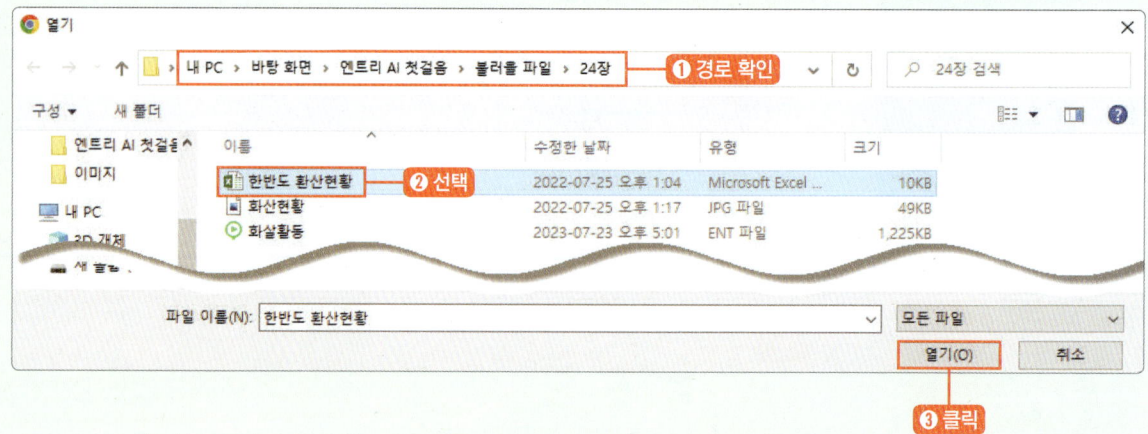

❸ '한반도 화산현황.xlsx' 파일이 추가된 부분을 확인하고 <추가하기> 단추를 클릭합니다. 이어서 <적용하기> 단추를 클릭합니다.

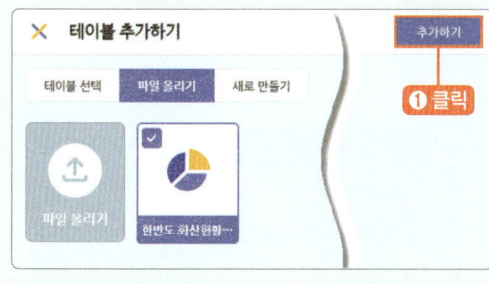

03 오브젝트에 블록 코드 만들기

❶ '백두산의 분화 연도' 글상자 오브젝트를 선택하고 블록 코드를 완성하여 봅니다.

❷ '화산' 오브젝트를 선택하고 블록 코드를 완성하여 봅니다.
– 화산이 활동했던 횟수만큼 화산이 좌우로 흔들립니다.

❸ '검은 돌멩이' 오브젝트를 선택하고 블록 코드를 완성하여 봅니다.
- 시작하기 버튼을 클릭하면 화산의 위치로 이동하고 모양을 보이지 않도록 합니다.
- 화산이 폭발하면 돌멩이가 나타나 포물선을 그리며 날아오다 땅에 떨어집니다.

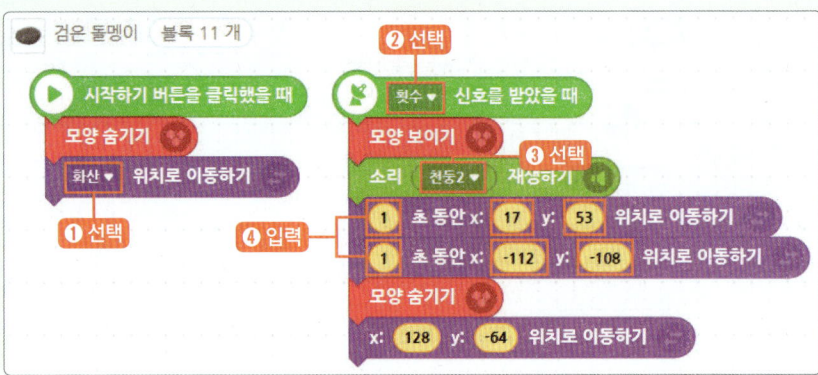

❹ ▶시작하기 단추를 클릭하고 '백두산의 분화 연도' 글상자 오브젝트를 클릭 후 화산활동 시기의 번호를 입력합니다. 화산활동 시기, 횟수, 분화연도 읽어주기를 듣고 결과를 확인합니다.

CHAPTER 24 문제해결능력 **상상에 코딩을 더해서**

■ 불러올 파일 : 24장 상상 코딩.ent   ■ 완성된 파일 : 24장 상상 코딩_완성.ent

▶ **더하기 스토리 :** 돌멩이를 추가해서 여기 저기로 날아가게 만들어 보세요.

① 돌멩이 오브젝트를 복제합니다.

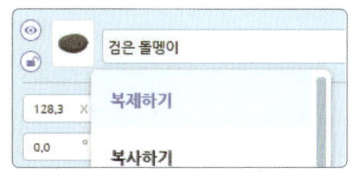

② 복제된 돌멩이의 위치를 변경합니다.
(돌멩이의 위치는 자유롭게 변경합니다.)

③ X, Y 좌표의 위치는 놓고 싶은 위치에 마우스를 가져다 대면 장면 위에 위치값이 나타납니다.

MEMO

CHAPTER 12

가짜 열쇠 3개, 진짜 열쇠 1개를 그리세요.
이미지가 잘 인식되도록 선을 진하게 그려보세요.

★★★ 가위로 오려진 종이의 모서리는 날카롭기 때문에 주의하세요!!

CHAPTER 15

가짜 지문 3개, 진짜 지문 1개를 그리세요.
이미지가 잘 인식되도록 선을 진하게 그려보세요.

★★★ 가위로 오려진 종이의 모서리는 날카롭기 때문에 주의하세요!!

CHAPTER 21

현장체험학습 장소인 경회루, 광화문, 근정전 3개를 쓰세요.
이미지가 잘 인식되도록 글을 진하게 써보세요.

★★★ 가위로 오려진 종이의 모서리는 날카롭기 때문에 주의하세요!!

■ 예비용

점선에 맞춰 가위로 오려서 사용하세요
점선에 맞춰 가위로 오려서 사용하세요
점선에 맞춰 가위로 오려서 사용하세요

★★★ 가위로 오려진 종이의 모서리는 날카롭기 때문에 주의하세요!!

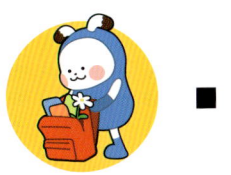